U0459251

领导力法则：
让更多的人都愿意追随你

金国强　编著

扫码收听全套图书

扫码点目录听本书

成都地图出版社

图书在版编目(CIP)数据

领导力法则:让更多的人都愿意追随你/金国强编著. — 成都:
成都地图出版社有限公司, 2018.10(2023.3 重印)
ISBN 978 - 7 -5557 -1077 -6

Ⅰ. ①领… Ⅱ. ①金… Ⅲ. ①企业领导学 - 通俗读物
Ⅳ. ①F272. 91 -49

中国版本图书馆 CIP 数据核字(2018)第 237916 号

领导力法则:让更多的人都愿意追随你
LINGDAOLI FAZE:RANG GENGDUO DE REN DOU YUANYI ZHUISUI NI

编　　著:	金国强
责任编辑:	陈　红
封面设计:	松　雪
出版发行:	成都地图出版社有限公司
地　　址:	成都市龙泉驿区建设路 2 号
邮政编码:	610100
电　　话:	028 – 84884648　028 – 84884826(营销部)
传　　真:	028 – 84884820
印　　刷:	三河市宏顺兴印刷有限公司
开　　本:	880mm ×1270mm　1/32
印　　张:	6
字　　数:	136 千字
版　　次:	2018 年 10 月第 1 版
印　　次:	2023 年 3 月第 16 次印刷
定　　价:	35.00 元
书　　号:	ISBN 978 - 7 - 5557 - 1077 - 6

前　言

　　一切的组织和团体的兴衰都源自领导力，而领导力不是一种与生俱来的天赋，它是一种可以学习掌握，并能逐步提升的思维模式。一旦了解其中的秘诀，任何人都能很快拥有领导力。

　　无论是培养将军的西点军校、培养政治家的哈佛大学，或是培养商界精英的世界 500 强公司，都很注重领导力的培养。那么，如何获得领导力？做事先做人，这是亘古不变的道理。如何做人，不仅体现了一个人的智慧，也体现了一个人的修养。一个人不管多聪明，多能干，背景条件有多好，如果不懂得做人，人品很差，那么，他的事业将会大受影响。只有先做人，才能做大事，这是古训。

　　有人常感叹："做人难，人难做。"的确，怎样做人是我们在现实生活中必须面对的，而且是一个很难解决的问题。古人云："欲成事先成人。"这是人一生做人做事的准则。也唯有懂得了做人的哲学，才是成就自己辉煌人生的最佳选择。

　　领导力的核心就是要学会做人，会做人才能做成事，会做才能聚笼人心，上下同心。会做人的人总能赢得他人的尊重和社会的认可，同时也提升了自己。 不会做人的人则事业上一败涂地，生活也处于一片茫然之中。 学会做人就要从我们自身开始，从提升我们个人的修养和素质开始。 做人对于每一个人都是最重要的。

在现实生活中，有些人虽然有想法、有头脑，做事也有效率，但是却不能得到上司的赏识和同事们的拥戴；有些人即使没有太强的能力和聪明的头脑，也能够得到大家的认同与拥护，并在事业上一帆风顺。 这是为什么呢？ 究其原因在于懂不懂得"做人哲学"。 懂得做人哲学的人能够使自己在人际交往中左右逢源，在事业上平步青云。

《领导力法则：让更多的人都愿意追随你》就是一本改变你的生活方式和领导方式的书。 阅读本书，你会信心满满地领悟到不少真谛与方法，彻底提升你的领导力，让更多的人都愿意追随你，共同成就一番事业。

2018 年 10 月

目　录

扫码点目录听本书

法则一

团队是企业发展的基石

扫码收听全套图书　　扫码点目录听本书

善于合作，树立全局观念

扫码点目录听本书

任何一个团队、一个集体，对一个人的影响都是很大的。凡是那些善于合作、有全局意识的人，团队也能带给他无穷的收益。一个人要想在工作中快速成长，就必须把自己的工作纳入全局、依靠集体的力量来提升自己。作为一个工作中的个体，只有把自己融入全局之中，凭借全局的力量，才能把自己不能独立完成的棘手的问题解决好。

如果你是一个新员工，你的上司很可能会分配给你一个你难以独立完成的工作。明智且能获得成功的捷径就是把自己的工作融入全局。上司这样做的目的可能就是要考察你的全局观念，他要知道的仅仅是你是否善于把自己的工作融入全局。如果你不言不语，一个人费劲地摸索，最后的结果很可能是死路一条。

在同一个单位里，同事之间有着密切的联系，谁也不能脱离大家而单独存在。依靠大家的力量取得成功，不仅是个人的成功，同时也是整个团队的成功。相反，明知自己没有独立完成的能力，却被个人欲望或感情所驱使，去做一个你根本无法胜任的工作，那么失败几乎是可以肯定的。而且还不仅是你个人的失败，同时也会牵连到周围的人，进而影响到整个团队。

在单位里，每一个员工的工作都不是孤立的，而是企业整体目标的一部分。员工只是明确企业的整体目标，并不足以成为他积极主动工作的全部动力。因为员工的工作是具体细致的，他只被要求做好某一范围内的工作，如果他只是努力完成自己手头的工作，而不知道自己的工作对于整体目标有什么意义，也不知道整体的目标和自己的工作之间有怎样的联系，他只能对整体目标无动于衷，甚至轻视自己的工作，认为自己的工作无足轻重。

美国一家咨询公司曾经对与员工工作效率高低的相关因素进行过专题研究。在研究中发现，员工在工作过程中最关心的问题共有 12 个，其中"我知道公司对我的工作要求吗？"和"公司的使命目标使我觉得我的工作重要吗？"这两个问题受员工关注的程度最高。可见，每位员工都想知道自己的工作对于整体目标的完成有着怎样的影响。员工只有认识到自己工作的重要性，才能够充分挖掘出员工的潜能。当员工充分理解并支持企业的整体目标后，才能够树立全局的观念，为完成整体目标而努力，而不是只完成自己手头的工作。在自己的个人工作和整体目标出现矛盾和分歧时，就能够对自己的工作做出牺牲以适应整体需要。员工明确自己的工作对于整体目标的意义，才能产生全局观念，也才能更好地化解分歧和矛盾。

一家经营电子产品的企业，设有财务、人力资源、营销和生产四个部门。各部门按部就班，各司其职，但还是在所难免地出现了问题。在组装车间，一个包装工人不小心将一些液体洒在了操作台周围的地板上。包装组长看到了，要求这名工人打扫干净地板。但工人回绝说："我的工作是组装机器，不是打扫地板。这样的工作应该是勤杂工来做，我的工作范围内可不包括打扫卫生。"组长找勤杂工却找不到，无奈之下，只好自己动手清理。

事后，包装组长找到车间主任要求处罚那位包装工人，获得了车间主任的同意。但是人力资源部却警告车间主任不要越权。车间主任感到不满，向生产部经理反映情况。生产部经理认为车间主任的做法不是越权，这是车间内部的问题，理应由车间内部自己管理，人力资源部不应过多干涉。于是，生产部把人力资源部干涉工作的事报告给了总经理。总经理认为这是两个部门之间的事，不涉及公司战略性的重大问题，两个部门协商就行了。

在公司的规定中，奖罚员工是人力资源部门的职权范围，人力资源部坚持认为生产部自定奖罚是越权，而生产部则认为自己内部员工的奖罚当然应由自己决定，不然难以有效管理。这样，两个部门的协商也陷入了僵局，双方各执一词，难以达成统一。

如果两个部门的员工能够从全局利益出发，清楚地知道自己的工作对于企业整体目标的实现有怎样的意义，就不会将这样一件小事弄成不可调节的矛盾，从而影响整个企业的正常运行。

让每位员工明确自己的工作对于整体目标的意义十分重要。每个员工都应该理解并支持企业的整体目标，当每位员工都拥有全局观念并为企业整体利益而努力时，企业就拥有强大的凝聚力，从而能够持续发展。一旦全体员工确立了全局观念，员工之间便会更容易建立信任和谅解的关系。

当大家为同一个目标努力奋斗的时候，就能够焕发出集体观念和强大的工作热情，形成归属感和彼此认同感，每位员工都会愿意为整体利益付出自己最大的努力。而且员工之间也能够互相帮助，团结协作。在这样一个充满信任和彼此认同的环境中工作，员工之间就会建立起最亲密的关系，即使工作中有了矛盾和分歧，大家也会为了整体利益尽力协调好。

　　在世界知名的戴尔电脑公司，管理者将全局观念灌输到了每位员工的思维之中。他们鼓励自己的员工不断提出问题，并认真聆听意见。这使得他的团队成为一个不断学习的团队。团队成员之间彼此信任，团结协作。戴尔还通过在全公司各部门间询问同样的问题，比较其结果的异同的方法来进行学习，这让每位员工都能分享企业内部的集体智慧。如果某一小组在中型市场创下佳绩，他们的经验会被传播给全世界的分公司内的员工，而如果另一个小组掌握了在大型超市内进行销售的方法，他们的想法也会与整个企业内部的所有员工进行分享。这样的全局协作的观念，使戴尔的任何一位员工都认为自己是整体的一员，并最终使戴尔公司成为一个全球性的大公司。

　　在工作遇到问题时，戴尔的员工也知道自己并不是单打独斗。他自己是问题的一部分，也是为问题提供解决方案的一分子。他们可以向大家说：我们知道有一个问题，但是对于到底是怎么回事我们也不确定。他们可以要求协助，尤其是在这个问题牵涉较多时。而且他们确信自己会得到帮助，因为在全局观念的领导下，任何一个其他部门的员工都会向他们伸出援助之手，他们会互相信任而不是互相指责。正是在这种观念的领导下，戴尔才取得如此卓越的成绩。

对我们而言，谦虚、自信、诚信、善于沟通、团队精神等一些传统美德是非常重要的。树立全局观念在一个公司、在一个人的事业发展中都是不容忽视的。所以，每个员工都应该树立全局观念，主动把自己的工作纳入全局中去。

员工具备全局观念有助于协调各部门的矛盾，更好地应对市场环境中的种种变化，提高工作技能和工作效率，从而使整个企业取得和谐发展的强大动力。

企业的核心竞争力离不开团队

阿里巴巴集团董事局主席兼 CEO 马云曾经说过："企业的核心竞争力是什么？不是利润，不是股票市值，不是资产，是他们的团队。"

团队是由员工和管理层组成的一个共同体，它合理利用每一个成员的知识和技能协同工作、解决问题，达到共同的目标。一个优秀的团队离不开五个重要的构成要素：人（People），是构成团队最核心的力量，三个以上的人就可以构成团队；目标（Purpose），无论这个团队的组成形式是什么样的，都应该有一个既定的目标，为团队成员导航，要让大家知道要向何处去，没有目标的团队就没有存在的价值；权限（Power），团队当中领导人的权限大小跟团队的发展阶段相关，通常情况下，团队越成熟领导者所拥有的权限越小，而在团队发展的初期阶段领导权相对比较集中；计划（Plan），目标的最终实现，需要一系列具体的行动计划，只有在有计划地操作下团队才会一步一步地贴近目标，从而最终实现目标；团队的定位（Place），团队的定位包含团队的整体定位和团队的个体定位两层意思，团队在企业中处于什么位置，由谁选择和决定团队的成员，团队最终应对谁负责，团队采取什么方式激励下属，作为团队的成员在团队中扮演什么角色。

在企业整体的经营活动中，员工个人能力是企业成功的一个重要因素，但不是决定因素，决定因素是团队的整合、连续、控制、遵从、协作的精神。任何一个成功的企业，都把个人能力与团队协作精神的培养联系在一起。一个团队的竞争力来源于人与人之间的互动与联合，而实现人与人的最佳组合，不仅需要合理的体制与编制，而且需要强烈的竞争意识。

今天任何一个大的工程，大的项目，大的课题，都是集体智慧的结晶，都是兵团式作战的结果。相互合作是时代发展的必然产物。随着全球化趋势的不断加强，市场经济的不断发展，人与人之间的竞争，企业与企业之间的竞争越来越激烈，但要想不被市场淘汰，就需要相互友好合作。Cooperation（合作）这个单词，被认为是英文中最重要的一个单词，在复杂的商业竞争中扮演了一个极重要的角色。

企业是一个团队，也是一个缩小的社会，要想基业长青，就需要高度的和谐作为支柱，需要上下左右相互间的信任和协作，需要团结一致的奋斗和进取，需要同舟共济、荣辱共担的团队作风。松下幸之助说："松下不能缺少的精神就是协作，协作使松下成为一个有战斗力的团队。"

海尔集团神奇般地崛起和茁壮成长，不仅得益于它的领军张瑞敏，也是与整个团队中每位员工的努力分不开的。海尔人将自己的价值观定义为"人的价值高于物的价值，共同价值高于个体价值，共同协作的价值高于独立单干的价值，社会价值高于利润价值"。正是在这一理念的引导下，海尔上下携手奋进，产生了强大的助推力。

1994年4月5日下午两点，一个德国的经销商打来电话，要求海尔必须在两天内发货，否则订单自动失效。两天内发货意味着当天下午所要的货物就必须装船，而此刻正是星期五下午两点，如果按海关、商检等有关部门下午五点下班来计算，时间只有三个小时，按照一般程序，做到这一切几乎是不可能的。如何将不可能变为可能，此时海尔人优良的团队精神显示出了巨大的能量，他们采取齐头并进的方式，调货的调货、报关的报关、联系船期的联系船期，全身心地投入到工作中，抓紧每一分钟，使每一个环节都顺利通过。当天下午五点半，这位经销商接到了来自海尔货物发出的消息，他非常吃惊，吃惊再转为感激，还破了十几年的惯例给海尔写了感谢信。这一切都是与海尔人高效的团队力量分不开的。

海尔能准时发货很大程度上取决于大家合作工作的方式。企业是否具备核心竞争力关键要看是否有一支懂得合作的团队。就好比一条正在参加比赛的龙舟，船上的每个人都是决定比赛胜负的关键力量。大家划船的劲能不能使到一处，能否与企业保持步调一致，将是企业能否稳步快速前进的关键。千舟竞发，只有团队合作，才能赢得竞争的胜利。

建设一支具有核心竞争力的优秀团队是企业的共同目标。这是因为一支优秀的团队可以让企业在竞争中处于优势，可以承担企业发展的重任，可以执行"不可能完成的任务"。

让"我们"代替"我"和"他们"

在一个美丽的花园里，开得正艳的红玫瑰引来了人们驻足欣赏，红玫瑰为此感到十分骄傲。红玫瑰旁边一直蹲着一只青蛙，红玫瑰觉得这只青蛙太丑了，跟自己的美丽一点都不协调，于是赶走了青蛙。

几天后，青蛙经过红玫瑰身边，它惊讶地发现红玫瑰已经凋谢了，叶子和花瓣都掉光了。

青蛙说："你看起来很不好，是不是生病了？到底发生了什么事情？"

红玫瑰回答："自从你走后，那些可恶的虫子每天都在啃食我，我再也无法恢复往日的美丽了。"

青蛙说："当然了，我在这里的时候帮你把它们都吃掉，你才成了花园里最美丽的花。"

有许多人就像这枝红玫瑰一样自命清高，总认为别人对自己一点作用都没有。 其实，我们每个人都有需要他人的地方。一个团队成员不应该只注意个人名下的辉煌业绩，更应该看到自己背后的团队成员。 没有谁是全能的，上帝也不能。 每一个人都有优势劣势，有强项有弱项，只有合作，才能取长补短，互助互进，从而呈现出最完美的能力。 作为一名团队中的个体，只有把自己融入整个团队之中，凭借集体的力量，才能把个人的力量发挥到最大，才能无限放大个人的能力，并最终和团队一起取得惊人的成绩。

　　然而在很多企业里经常会有这样的员工，在他们的思想里总是有一种错误的认识：事不关己，高高挂起。在做某一项工作的时候，关系到自己的往往说"我"，在跟自己无关时往往说"他们"，其实，为什么不把"我"和"他们"变成"我们"呢？

　　想想看，我们每个人都不可能独自干好所有的事情。你总会遇到需要别人的帮助、需要与别人协作的时候。

　　承担工作的能力和有效地与人开展合作并没有冲突，独立完成工作是个人能力的体现，而合作则是一种工作的方法，在具体的工作中，两者之间是互相结合的。我们知道，合作是为了使团队中每个人能发挥出最大的优势，使工作成果达到最好。在分工明确后，每人都一定要有独立完成自己工作的能力。但是想要得到最好的结果，选择合作并在合作中发挥出自己最大的优势就是成功的法则。

　　在我们的周围不乏有才华却不喜欢与别人合作的人。这样的人让企业非常头疼。

　　一位总经理提到自己当年在某大公司做策划部主任期间，遇到一个没有团队意识的员工时说："我的部门里有这样的一个员工，非常聪明，他的策划案创意非常好，点子也非常多，但是当公司开策划会的时候，他从来不主动发言，你问到他头上，他也不一次把所有想法都说出来。可你要求他自己出策划案时，那些火花、创意又让你不得不承认他做得漂亮。他总是自以为是，而且公开宣称自己的创意为什么要给别人？我几次跟他谈过，一个部门的成就是大家一起创造的，在一个集体里没有与自己无关的事。可他说，不是我分内的事我为什么要替别人操心？唉，人是聪明人，就是没有团队意识。"从这位总经理的话语中可见，这样的员工在领导心目中并不是一个很好的员工。

这个员工就是一个把"我"和"他们"分得很清楚的人，个人意识特别浓，总在一味地追求个人卓越而忽视或无视团队的成败。这样的员工永远都不会是一个可以成就大业的人，只适合自己单打独斗。可是，个人的能力毕竟有限，团队中的每个人的力量都是个人能力的不竭源泉。因为一根筷子很容易被折断，十根筷子则不容易被折断。

对于就职于公司的每个员工来说，学会有效地与人合作是一件很有意义的事。有人会质疑说同事之间谈不上什么合作，都是在给老板打工，其实，两个同事间为了同样一个目的共同做事就是合作，只是存在分工的不同，只是同事间的合作被人们称作共事，没有特意地强调是在合作，事实上，合作在工作中无处不在。所以，员工在工作中学会怎样与人合作，学会与人合作的技巧和注意事项，对工作的进展和自己今后的发展都很有帮助。

单枪匹马在任何工作中都不可能出彩。比如在营销团队中，营销工作是一个系统的工作，光靠几个人或单方面的工作是不可能完成的，在现代整合营销传播理论中充分强调利用各种资源，实现最佳组合，形成最大的营销力。所以，加强团队意识的培养是提高营销队伍战斗力的重要手段。同时，市场内外环境瞬息万变,营销工作的战略和战术也是动态的,需要根据环境的变化随时调整。 如果只要个人英雄主义,会在一定程度上影响团队的整体创新能力和工作质量,自己也会随之受到影响。

曾任诺基亚(中国)公司某分部的销售部经理曾这样介绍诺基亚对销售团队的重视:"在招聘之初,除了专业技能的考核外,公司也非常注重个人在团队中的表现,将团队协作精神作为考核指标中的主要项目之一。 我们通常会用一整天时间来测试一个人在团队活动中的参与程度与领导能力。 我们做一些互动的游戏,在这个游戏中可以有胜出的团队,可以有胜出的个人,我们会在旁边观察,我们希望看到这样的员工:他有个人优秀的表现,但是为了团队胜出,他放弃了个人的机会,而那些团队成绩不佳、个人胜出的员工不是我们需要的。 其实,彼此陌生的人第一次做这样的互动游戏,基本上就能反映出个人真实的性格和行为方式。 这样就可最大限度地保证诺基亚所招聘的销售员工一开始就能接近公司要求团队合作的精神文化。"

每个员工的成绩都是在团队的共同资源中创建的,离开了团队就等于鱼儿脱离了大海,不再有自己的天地和空间。 因此,唯我独尊的心态最不可取,否则你很容易受到同事的挤兑。

每个人都应该积极地参与到团队中,不要把"你""我"分得那么清楚。 在协作的人员中处于弱势的人也应该积极地参与到共同的工作中去,千万不要认为自己能力不如别人就采取观望的态度,应该具备奉献的意识,而且自己既然是团队中的一分子,就有责任去做自己应该做的事。

每个人都有自己的任务和责任,如果谁没有尽到自己的职责，其他人就需要付出更多，而且取胜的把握就会少几分，因为只有所有人都发挥出自己的能量，这个团队才是一个顽强的团队。

很多事实都告诉我们，合作是想要获得成功的必然选择，作为员工来说，能快速有效地融入公司的团队中，同事间能达成最有成效的合作，是老板们想要构建的一种企业文化，因为这是一种很重要的工作模式。

团队的力量是巨大的。团队的力量大于个人力量之和，一加一等于二，这是人人都知道的算术。可用在人与人的团结合作上，那就不再是一加一等于二了，而可能等于三、等于四、等于五……合作就是力量，这是再浅显不过的道理。也说明了在很多情况下，只有进行合作，才能求得共同的胜利。据统计，诺贝尔获奖项目中，因协作获奖的占三分之二以上。在诺贝尔奖设立的前 25 年，合作奖占 41%，而现在则跃居 80%。足以说明今天已经不是居里夫人搞科研的时代，不是靠两个人在实验室里潜心钻研就能两度拿诺贝尔奖的。

有人说：没有完美的个人，却能有完美的团队。这代表着团队力量的强大，团队合作所能产生的效应是非常巨大的。合作就是将所有人的力量聚集起来以达到一个最满意的答案，如果公司的所有员工能够在一个相对宽松的环境里愉快地合作，所取得的成绩必然会令人满意。

个体再强大，也终归是有弱点的，但是如果大家合作，取长补短，马上就会有意想不到的效果。同样的，个体再弱小，团结起来，通力合作，那种力量也足以震慑天地。所以，作为企业中的一分子，不要时时把"我"和"他们"挂在嘴边，应该改为"我们"。

完美团队离不开有价值的信息

信息，是一个团队运行方向的指明灯。准确的信息可以让一个团队优先地抢占优秀的资源，从而发展得更好，如果一个团队的信息堵塞了，这个团队只会埋头苦干，在没有了外界的沟通后，他们不会知道外面的发展情况和强敌的进攻路线，只会被高效率的团队代替。可见，信息对于团队来说非常重要。

提起电脑的质量和名气，很多人都会立刻想到 IBM，但没有哪个企业的发展是一帆风顺的。

1987 年，由于 IBM 公司对市场竞争趋势的判断出现重大失误，忽视了迅速发展的个人电脑革命，仍然认为大型主机硬件设备的研制开发会给公司带来持续的繁荣。面对瞬息万变的市场，IBM 集权化的组织结构和官僚化的管理体制，加快了公司经营危机的来临。

没有发觉危险的 IBM 终于被这场革命给席卷了，暴风雨的猛烈程度超乎了想象，1991 年至 1993 年，仅仅两年时间，IBM 公司的亏损超过 147 亿美元，成为美国公司历史上最大的净亏损户！1993 年 1 月，IBM 董事会决定由路易斯·郭士纳临危受命，担任 IBM 新的董事长兼首席执行官。但过多的亏损并没有给 IBM 带来多少生机，到 1994 年在全球电脑市场上的销售排名下降到第三位，股票价格下跌了 50%，公司发展和生存面临严峻的挑战。

郭士纳一上台就发现该公司的竞争地位已受到实质性侵害，决定对公司的最高决策层和管理层进行改组，以完善具备战略性的领导体制，成立了IBM中、长期战略决策组织，即政策委员会和事业运营委员会。他还认识到建立一个公司层面统一和正式的竞争情报体制的重要性，提出要"立即加强对竞争对手的研究，建立一个协调统一的竞争情报运行机制，将可操作的竞争情报运用于公司战略、市场计划及销售策略中"。

在郭士纳的大力支持下，IBM公司启动了一个建设和完善竞争情报体系的计划，并建立了一个遍及全公司的竞争情报专家管理其全部运作的核心站点。IBM公司的决策层希望通过该计划，能够及时准确地判断企业的竞争对手拉拢IBM公司客户的企图。为了对付这些竞争对手，公司组织实施了"竞争者导航行动"竞争情报项目，重点针对IBM在市场中的12个竞争对手，派出若干名高级经理作为监视每个竞争对手的常驻"专家"，责任是确保IBM公司掌握其竞争者的情报和经营策略，并在市场上采取相应的行动，在此基础上建立公司的竞争情报体系。该竞争情报体系包括完善的管理信息网络和监视竞争对手的常驻"专家"和与之协同工作的IBM公司的竞争情报人员，以及生产、开发、经营和销售等职能部门的代表，由这些人员构成一个个专门的竞争情报工作小组，负责管理整个计划中相关方面的竞争情报工作。

分布在整个公司的各个竞争情报工作组每天对竞争对手进行分析，通过基于 Lotus 公司 Nores 软件的系统为工作组提供在线讨论数据库，能够使 IBM 公司全球各地的经理们和分析家通过网络进入竞争情报数据库，并作出新的竞争分析。竞争情报小组还使用 IBM 公司的全球互联网技术获取外界信息，利用 IBM 公司的内部互联网技术更新企业内部的信息。随着这一体系的不断完善，竞争情报开始融入 IBM 公司的企业文化中，在经营过程中发挥越来越重要的作用。

　　调整竞争情报工作重点及建立新的竞争情报体系，使 IBM 公司各部门的竞争情报力量能够有效地集中对付主要的竞争对手和主要威胁，并提供各种办法提高各竞争情报小组的协作水平，优化了原有的情报资源，增强了公司适应市场变化和对抗竞争的能力，最大限度地满足了全球市场上客户们的需求，公司销售收入也开始持续增长。

当今社会，想要一个具有价值的信息是非常不容易的，这就需要团队的协作了，不但要对信息进行加工整理，还要确认信息的真假性。这些当然需要提供信息者完成，信息者必须是站在时代前沿的人物，要有很强的接受和观察能力，能够及时地找出团队发展的方向。虽然信息者在表面上只是起到一个传达的作用，但一个信息的价值甚至可能会超过多人组成的小团队所创造的价值。

当企业遇到突发事件时，作为信息者通常表现都很沉着、冷静，正如人们经常所说遇事不慌。 他们比较愿意虚心听取来自各方的对工作有价值的意见和建议，对事物具有判断是非曲直的能力，对各种有价值的意见不带偏见地兼容并蓄，看问题比较客观；对自己把握事态发展的能力有充分的自信；处理问题时能控制自己的情绪和态度，具有较强的抑制力。 与这些优点形成对比的是信息者的缺点：一方面，他们智力水平表现一般，他们身上并不具备太多的非凡的创造力和想象力；另一方面，信息者过于注重人际关系，容易忽略组织目标。 信息者在团队中的作用有：明确团队的目标和方向；选择需要决策的问题，并明确它们的先后顺序；帮助确定团队中的角色分工、责任和工作界限；总结团队的感受和成就，综合团队的建议。

对于领导者来说，一定要正确地认识和重视信息者，因为这绝对是心腹才能充当的角色，在保证了信息的质量后，高度的重视也能让领导者及时判断是要进一步拓展业务还是要缩紧行业开支，这些都是尤为重要的事情。

集合众智，才能无往不利

在一个团队中，只有每个人都充分地发挥其积极性和创造性，才能够保证事业的成功。而作为企业的领导者，则必须使每个员工的努力协调一致，具备理顺人际关系和工作关系的本领。只有做好大家的工作，工作才能做好。

在战国时期，赵将廉颇勇猛异常，攻城拔寨、战功卓著。新提升的相国蔺相如胆略超群、足智多谋，在秦廷之上敢于斥责秦君，怒发冲冠，渑池会上力逼秦王，不失国威，二人皆为国家栋梁。然而，廉颇自恃功大年高，论职羞于相如之下。每遇相如必极力侮辱，且不与其同列朝班。相如每每忍让、绝不与争。其门客询问缘故，相如说："廉将军是赵国难得之才，相国亦身负重任。秦国不敢轻易冒犯，因有我二人之故。将相争斗必有一伤，不论伤者为谁，皆国家之祸。"廉颇闻言，大感惭愧，背负荆条请罪相府，从此二人和好，共事赵国，以廉颇之勇加上相如之谋，使强大的秦兵不敢犯境。这就是两千年来一直为人们交口称颂的"将相和"的故事。

蔺相如以国事为重，之所以对廉颇忍让再三，是因为他明白，自己与廉颇团结所形成的力量，对赵国有益；如果二人相斗，受到损害的不仅是个人更是赵国，后果将不堪设想。蔺相如成功地协调自己与廉颇的关系，他们的和好使二人的长处相得益彰，才能得到了充分的体现与发挥。

"集合众智，无往不利"，这是日本知名管理家松下幸之助穷其 70 余年功力而悟出的管理箴言。

有一年，是松下公司经营上最多波折、生存异常艰难的一年。虽然他们努力经营，但是成绩依旧不佳，员工的薪酬也无法得到提高，甚至不能发放奖金，这是过去从未发生过的事情。而且正常的人事变动，也不得不暂时冻结。经营到了这种地步，其责任应由谁承担呢？然而，另一方面，对于松下来说，能平安度过这最坏的一年，重新迎接充满希望的新春，又是令人倍感欣慰的。之所以能平安地度过，员工们的同心协力为企业出谋划策实在功不可没。集合了大家的智慧，企业才能遇危不乱。

松下电器公司规定大家每天早上朗诵"友好一致的精神"条文。不管情况是好是坏，不论有多险恶，都不能有浮动、松懈的心态，一定要让大家保持一致的信念，多交流，多沟通。而松下公司也正是靠着这股子精神渡过了难关。

如果自己是一个管理着一个公司的老板或经理，能否将自己所管理的人力、物力、资源整合成一种奋进的合力，不仅是检验自己管理工作艺术高低的标准，而且关系企业能否成长的问题。

法则二

领导要有良好的素养和心态

成大事者的气质与风范

一个人要想成就事业，除了天时、地利、人和之外，最关键的还是"掌门人"成功的气质与大家风范，否则，即使团队成员再优秀，碰到一个没有成功气质和大家风范的领导者，成功就可能被推迟甚至走向失败的厄运。

1.敢于决断

很多人之所以一事无成，最大的毛病就是缺乏敢于决断的勇气，总是左顾右盼、思前想后，从而错失成功的最佳时机。成大事者在看到事情的成功可能性到来时，敢于作出重大决断，因此取得先机。

2.挑战弱点

人人都有弱点，不能成大事者总是固守自己的弱点，一生都不会发生重大转变；能成大事者总是善于从自己的弱点上开刀，去把自己变成一个能力超强的人。一个连自己的缺陷都不能纠正的人，只能是失败者！

3.突破困境

人生总要面临各种困境的挑战，甚至可以说困境就是"鬼门关"。一般人会在困境面前浑身发抖，而成大事者则能把困境变为成功的有力跳板，坚韧不拔，百折不挠，勇往直前。

4. 抓住机遇

机遇就是人生最大的财富。有些人浪费机遇轻而易举，所以一个个有巨大潜力的机遇都悄然溜走，成大事者都绝对不允许机遇溜走，并且能纵身扑向机遇。

5. 发挥强项

一个能力极弱的人肯定难以打开人生局面，他必定是人生舞台上重量级选手的牺牲品；成大事者关于在自己要做的事情上，充分施展才华，一步一步地拓宽成功之路，最终获得开启成功大门的钥匙。

6. 调整心态

心态消极的人，无论如何都挑不起生活的重担，因为他们无法直面一个个人生挫折；成大事者能调整心态，即使在毫无希望时，也能看到一线成功的亮光，这就是自信心。拥有自信，即使有挫折也能敢于挑战，获得成功。

7. 立即行动

一次行动胜过百遍心想。有些人是"语言的巨人，行动的矮子"，所以看不到更为现实的事情在他身上发生；成大事者是每天都靠行动来落实自己的人生计划，要做就做行动家，把美好的梦想变为现实的人生。

8. 善于交往

一个人不懂得社交，必然得不到好的发展。成大事者的特点之一就是善于靠借力、借势去打造成功的局势，从而能把一件件难以办成的事办成，实现自己的人生梦想。

9. 重新规划

人生是一个过程，成功也是一个过程。你如果满足于小成功，就不会有大成功。成大事者懂得从小到大的艰辛过程，所以在实现了一个个小成功之后，能继续拆开下一个人生的"密封袋"，使自己获得更大的成功。

10. 团队协作

一个篱笆三个桩，一个好汉三个帮，团队要抱成一团，能上下同心、同苦、同谋、同战与同德，才能完成预定的目标。

成功是我们每个人追求的，也是一种结果，但这个结果是不是最佳的结果，恐怕就很难说了。成大事者总是选择最佳、最完善的结果，这不是一般人所能做到的。因此，在成功路上，你要想成大事，首先要解决的问题就是：你的方式方法，你的环境对你推动成功的计划是否立竿见影，你的计划是否逐项顺利实施！

自信是力量的源泉

每个人都希望自己在事业上能够有所成就，但真正在事业上有所成就的人寥寥无几，大部分的人一生平凡，是什么让他们有如此大的差距呢？答案是自信。

对自己所具备能力和价值的良好感受就是自信的体现。表现为对于自身能力的强烈认可，对自己所追求的理想拥有不屈不挠的精神。

自信是每一个成功的领导必备的品质，这种品质会让他们发自内心地相信自己，对自己的能力和判断充满信心，也会在公众面前表现出这种自信心。

成功的企业领导和普通人在性格上的区别很简单，前者往往比较自信、有活力；而后者则不这样，他们也许很有钱、地位较高，但是内心总感到灰暗。成功者大多遭遇过挫折，但坚定的信心让他们找到了开启成功之门的钥匙，每次遭遇挫折后，他们没有灰心丧气，而是通过总结教训使自己不断进步；而普通人一旦碰壁之后，就一蹶不振、畏首畏尾，产生悲观情绪和自卑的心理，或是干脆放弃原来的目标，以至于彻底失败。

信心对立志成功的人来说是不可替代的。信心是一种自我激励的力量，凡是有作为的人都有超强的自信心，不管在工作与生活中遇到多少困难，他们仍然认准自己的目标，脚踏实地，走出一条自己的路。

一位孤独的年轻画家在屡遭挫折后，终于找到了一份不错的工作。他住在废弃的车库里，条件十分简陋。每天夜里，他都会听到一只小老鼠发出的叫声。时间久了，小老鼠和他混熟了，竟然跑到他的画板上与他嬉戏，他在这个过程中也寻找到了乐趣。不久，画家被推荐到好莱坞去创作一部关于动物题材的动画片。工作刚开始的时候，他毫无头绪。终于，在某天夜里，他想起了以前那只终夜与他为伴的小老鼠。于是，他妙笔生花，一个活灵活现的卡通形象——米老鼠诞生了。

　　这个年轻的画家正是华特·迪士尼，风靡全球的米老鼠就是由他亲手创造的，那些珍贵的灵感正是源于那只与他为伴的小老鼠。

　　你可曾想过，人类被赋予的只有灵感吗？记得海伦·凯勒和保尔·柯察金的故事吗？上天有时候会残忍地降临灾难，可是，许多与病痛为伍的人的生命价值依然巨大。上天为他们带来灾难，正是为了磨炼他们的韧性。所以说，失败是成功的开始。著名化学家与实业家路德维希·蒙德的经历就是最好的说明。

　　路德维希·蒙德在学生时代曾在海德堡大学同著名的化学家本生一起合作。后来在工作中，他发现了一种从废碱中提炼单质硫的方法，事实证明此项技术的经济价值非常高，于是，蒙德的脑海里产生了与他人合作开办化工企业的想法。

过了一段时间，用氨碱法将盐转化为纯碱的方法被蒙德收购。虽然蒙德参与并发现了这种方法，但当时这项技术还不是很成熟。于是，蒙德在英国的温宁顿一边修建厂房，一边继续做着完善这种技术的试验。尽管遭遇了很多次失败，但蒙德并没有灰心丧气，没日没夜地搞这项开发。经过反复试验，这项技术的难题终于被蒙德解决了。

　　1874 年，蒙德化工厂建成了，但起初的经营状况不是十分理想，成本高、利润低，企业在前几年处于亏损状态。同时，因为担心生活环境会遭到化工厂的破坏，当地居民也拒绝与他合作。蒙德陷入了困境。

　　但是坚忍的性格和超强的自信心帮助了蒙德，他毫不气馁，终于在 1880 年取得了重大突破：产量增加了三倍，成本也大大降低，每吨产品可以获利 1 英镑。当时的英国普遍实行 12 小时工作制。但蒙德反其道而行，将工作时间压缩在 8 小时，并且规定：在这里工作，可获得终身保障。工人们工作的积极性因此被激发，每天 8 小时就可以完成以前 12 小时的工作量。当地居民对蒙德的态度也发生了 180 度的大转变，争抢着进他的工厂谋得一份差事。后来，蒙德建立的这家企业成了当时全世界最大的生产碱的化工企业。

　　蒙德的人生经历和企业发展的过程告诉人们：逆境是上天给人们的宝贵的磨炼，只有具有自信心、经得起考验的人，才能在逆境中汲取营养，才能成为真正的强者。

自古以来，许多伟人和成功人士凭着不屈不挠的自信精神从逆境中挣扎着爬起。 人生在世，遭遇挫折是难免的事，没有谁能不经历挫折就直接攀上巅峰，所以，这就要求一个人必须有足够的自信心。 逆境中体现的是优胜劣汰，你能穿过逆境，人生的新篇章也会随之而来；如若不然，你只能庸庸碌碌地度过一生。 是坚强地走过去，还是懦弱地停下来，全在你自己的选择！

激情造就成功

为什么有些人有了很好的目标，到最后却一事无成？是什么让心怀伟略的企业家最后走向了失败？在奔向理想的过程中，时间的推移会将你最初的激情吞噬。当你没有激情的时候，人生舞台上的"表演"也会索然无味，结果自然也就令人失望。

回想一下自己步入工作岗位的第一天，可以说每个人对未来都充满希望，认为自己不比任何人差，一定可以做出一番事业来。人们都卖命地工作，努力表现着自己。但是，罗马不是一天建成的。随着时间的推移，也许自己的发展没有跟上想象中的速度，也许事业遭遇了挫折。于是，激情被失落感取代，很多人随之成了混日子的人。难道这种结局是大家想要的吗？

如若不是，就请重新将激情点燃。你必须知道，无论舞台下面有没有观众，你都在为自己表演。大家都知道世界上有个餐饮巨头麦当劳，但是很少有人知道，麦当劳发展的历史上有一位首席执行官，最早的薪水只有 1 美元。他叫查理·贝尔，来看看这个人是如何从底薪 1 美元的清洁工成为麦当劳历史上最年轻的首席执行官的。

出生于澳大利亚的查理·贝尔，年少时家境并不富裕。15 岁的时候，贝尔在麦当劳打工，工作是打扫厕所。这是一件又脏又累的活，每小时的薪水只有可怜的

1 美元。

　　可是，贝尔并没有因为这份不起眼的工作而放弃自己的梦想。他完全把这份工作当成自己走向成功的一个起点，干起活来勤勤恳恳、踏踏实实。当时，贝尔牢记着这样一句人生箴言："生命无法重来。"正是靠着这个信念的支撑，贝尔不仅完成自己分内的工作，还帮别的同事拖地和烘烤面包。他认为自己的成功和这些事情有着紧密的联系。细心的老板彼得·里奇看到了贝尔的这些举动，决定培养贝尔。

　　过了一段时间，彼得·里奇推荐贝尔成了麦当劳公司的正式员工。从此，贝尔穿梭于每一个岗位上。由于对工作认真负责与积极肯干，使得贝尔在短短的几年时间里就全面掌握了麦当劳的生产、服务、管理等一系列工作流程。这其中的每一份工作，都对他的成功起到了很大的帮助。

　　在贝尔 19 岁那年，他被提升为店面经理。他是麦当劳有史以来最年轻的店面经理。

　　贝尔没有就此止步。在全新的工作岗位上，贝尔迎来了全新的开始，他更加积极进取，向成功迈着更为坚实的步伐。1988 年，麦当劳澳大利亚分公司任命年仅 27 岁的贝尔为副总裁。仅仅过了两年，贝尔又进入了麦当劳澳大利亚分公司董事会。1999 年，麦当劳公司的亚洲、非洲和中东业务都由贝尔负责。

　　2003 年，依靠个人的威望和实力，贝尔当上了麦当劳公司的全球首席执行官。这一年，贝尔只有 42 岁，是麦当劳最年轻的首席执行官。在就职时,贝尔自豪地说道:"我在麦当劳什么工作都做过,就差这个工作没做过了。如果能够在这个职位上发挥自己的才华,我会非常高兴。"贝尔能有让人注目的这一天,与他对待每一个职位的工作热情是分不开的。

贝尔用自己的实际行动告诉人们:成功,靠的是对待每一份工作都坚持到底。 贝尔的整个人生就是被这种信念贯穿着。在贝尔任职首席执行官期间,用心去钻研业务,还在门店最忙的时候和员工一起为顾客们提供站台服务。 毫不夸张地说,近年来餐饮业中唯一亲自站柜台的首席执行官非贝尔莫属。

贝尔从厕所清洁工作开始做起,直到最后坐到麦当劳首席执行官的位置,其秘诀很简单:不论在什么岗位上都充满激情!无论在哪一个岗位上,都是充满激情地去工作,因为贝尔知道:生命只有一次,无法重来。

可以想象一下,当一个人拥有激情的时候,自己的工作还会那么索然无趣吗?当你充满激情地工作时,一切难题都会迎刃而解。 所以,把工作变得快乐的首要秘诀,就是拿出你的激情!

培养良好的自控能力

自控是抑制自己的感情和情绪，控制自己的行为，使自己以最合理的方式行动。自控的反面是失控，如感情冲动、表情异常、言行出格，以及平时人们所说的魂不守舍等。教育家马卡连柯说："伟大的意志不仅善于期待并获得某种东西，而且也善于迫使自己在必要时拒绝某种东西。没有制动器就不可能有机器，没有抑制力也就不可能有任何意志。"

自控不等于凡事都无动于衷。该喜不喜，该悲不悲，该怒不怒，没有脾气个性，"一锥子扎不出血来"，那是麻木不仁。人正常的喜怒哀乐都是理所当然的。管理者在工作中表现出来的喜怒哀乐，对于被管理者的情感、行为能够产生较强的导向作用，这也是一种感染力和驱动力。问题的关键在于这种喜怒哀乐要围绕和服从于组织目标，并且适度，即程度相当，不因此而丧失理性。

良好的自控能力是管理者重要的意志品质，也是衡量管理者的涵养气度的尺度。管理者的自控能力包括很多方面。

首先，面临危机时保持冷静。危机可以锻炼人，也可以毁灭人。工作中的危机和个人的危机，都是对管理者的考验。而且，越是在危机中，"政敌"也就越容易出现。管理者在此时更是慌乱不得。尽晓危难于心，袒露镇静于态，这是危机中需要的领导品格。在生活中常见两种人，一种是遭遇一点不幸，就捶胸顿足，呼天喊地；另一种是对于面临的横逆，尽管也不免感到痛苦，但绝不会因此而失态，更不会一蹶不振。他们知道，如果不能克制自己，势将招致更大的不幸。 即使在面临不可逆转的命运时，也能泰然自若，保持豁达的心境。 管理者在部属面前，理应如此。

"沧海横流，方显英雄本色。"从一定意义上说，危机也给管理者提供了大显身手的舞台。 危机中常常包含着转机。在困境和逆境中，管理者只有镇定自若、沉着应对，稳健地处理问题，才能稳住阵脚，掌握时机，保持主动，适时化劣势为优势。 如果管理者在此时显露出惊慌失措或悲观失望情绪，就会像疾病一样迅速传染他人，使局面愈发不可收拾。 第二次世界大战中，斯大林在法西斯侵略者兵临城下时，仍照样举行节日庆典和阅兵典礼，不愧为雄才大略的军事统帅。 历史上还有许多失败的英雄，他们的镇静和自尊保持到生命的最后一刻，令后人钦佩、景仰。

其次，不为内耗所干扰。 领导工作中最令人头痛的事情之一是内耗。 当人际群体处于某种无序或不协调状态时，其系统内各种力量之间相互抑制和冲突，从而使有用力量被减损和抵消。 换言之，内耗是一种无组织力量，它瓦解群体的内部结构并削弱群体的外部功能。 群体内的争权夺利，争斗不休，是不以人的主观意志为转移的客观存在，属"树欲静而风不止"。有的管理者不得不把相当多的时间和精力用于考虑如何应付复杂的派系关系。 有的被闲言碎语所缚，被内耗"耗"得心灰意冷，难以施其才，达其志，失去了工作的进取心和锐气，失去了自我。 内耗是值得专门研究的问题，其中可能有原则性争论不能回避。 但既为内耗，大都是无关大局、摆不到桌面上的无原则纠纷，或兼有上述两方面因素。 因处置不当，才演变为内耗，乃至把管理者自身也牵卷进去。 因此，对这类问题一方面要通过正常的组织途径来解决，另一方面要善于自控。管理者要学会正确对待身边的流言蜚语，成见，不负责任的、自由主义的小动作，甚至于背后的挑拨离间、恶语中伤、人身攻击等。

大家熟知一句话：小不忍则乱大谋。意思是小事上不能忍耐，就会坏了大事。作为政治谋略，很多人对此给予贬义的理解。但在现代社会中，从修养的角度，也可以褒义地理解为：应在小事上谦让忍耐，不要因计较鸡毛蒜皮的小事而影响大局。

再其次，尽快摆脱消极的情绪。月有阴晴圆缺，人有吉凶祸福。专家认为，情绪可以影响一个人的前景，短则几小时、几天，长则几周、几个月。积极的情绪一般对人是大有帮助的，如乐观和自信使人充满活力；积极进取的心境像磁石一样吸引人，把人引向成功。而悲伤、焦虑、气愤、冷漠、失望、内疚等消极情绪，其影响就是消极负面的了。它消耗人的精力，使人陷入泥潭，裹足不前。管理者要善于控制、调节自己的情绪，尽快摆脱消极情绪，不要被消极情绪支配。

最后，善于制怒。这是领导工作中最普通和常见的问题。在一些关于管理者修养的书籍中，人们囿于固有的思维定式，总是认为凡是管理者，其待人接物永远应该端庄稳重，平易和蔼。发怒与管理者角色的行为规范不符，会损害管理者的形象。有的管理者在工作中即使碰到怒不可遏之事，也强迫自己抑而不发，似乎这样才算有修养。其实，不发怒与动辄发怒一样，都会贻误工作，损害管理者的形象。"气血之怒不可有，理义之怒不可无。"不应当凭个人意气发火，但为真理、正义动怒却是理所当然、必不可少的。在原则问题上、事关重大的紧迫问题上、部属失职渎职等问题上，管理者发怒对当事人具有刺激性和震撼力，对旁观者也有警诫作用，有利于问题的解决，推动工作的进展。这类动怒是管理者忠于职守的表现。适当宣泄自己的感情，也不能算是失控。在很多部门和工作岗位上，如果管理者没脾气，"虎气"不足，"猴气"有余，文文静静得像个小媳妇，不会发怒，反而成不了好领导。

制怒的有效方式是预防。从心理上说，就是对周围的人和事有客观的认识，不抱有不切实际的幻想和希望。只要去掉这些幻想和希望，愤怒便不易产生。作为一位管理者，要明白你不会得到所有人的赞许，任何时候都会有人反对你。世界本来就是如此。工作也不会总是一帆风顺，总会有这样那样的波折，凡事都按预想的那样发展是不可能的。有了这种思想准备，就能应付不如意的、预料不到的事情，不会轻易发怒。如果意识到自己要发脾气，就要努力推迟愤怒，比如推迟15秒后再发作。等到下一次又要发脾气时，推迟30秒。这样多次的推迟就是最好的控制，逐渐把不必要的脾气减少到最低限度。

处理负面情绪的方法

想要成为一个成功的管理者，在面临负面情绪时，不仅要能冷静处理自己的不满，有效管理自我情绪，还要能正面影响、管理下属的情绪。以公司立场而言，如果下属犯下过错，或是陷入对上级不满的状况时，管理者务必先舒缓下属的怨气和怒气，设法让其情绪平稳，同时也要控制住自己的情绪。接下来，员工自然就会进入反省期，所有的不满将会随着时间流逝而淡化，这样彼此之间的关系才可能有挽回的余地。

1.能量排泄法

对不良情绪所产生的能量可用各种办法加以调整。例如，当生气和愤怒时，可以到空旷的地方去大喊几声，或者去参加一些重体力劳动；也可以进行比较剧烈的体育活动，跑两圈，扔几个铅球，把心理的能量变为体力上的能力释放出去，气儿也就顺了。在过度痛苦和悲伤时，哭也不失为一种排解不良情绪的有效办法。

2.语言暗示法

当不良情绪要爆发或感到心中十分压抑的时候，可以通过语言的暗示作用，来调整和放松心理上的紧张，使不良情绪得到缓解。当你将要发怒的时候，可以用语言来暗示自己：别做蠢事，发怒是无能的表现；发怒伤自己，又伤别人，还于事无补。这样的自我提醒，就会使心情平静一些。

3. 环境调节法

大自然的景色，能扩大胸怀，愉悦身心，陶冶情操。 到大自然中去走一走，对于调节人的心理活动有很好的效果，千万不要一个人关在屋子里生闷气。 长期处于紧张工作状态的人，定期到大自然中去放松一下，对于保持身体健康，调节身心紧张大有益处。

4. 请人疏导法

人的情绪受到压抑时，应把心中的苦恼倾诉出来，特别是性格内向的人，光靠自我控制、自我调节还远远不够。 可以找一个亲人、好友或可以信赖的人倾诉自己的苦恼，求得别人的帮助和指点，可能就会豁然开朗、茅塞顿开。

5. 自我激励法

自我激励是人们精神活动的动力之一，也是保持心理健康的一种方法。 在遇到困难、挫折、打击、逆境时，善于用坚定的信念、伟人的言行、生活中的榜样、生活的哲理来安慰自己，使自己产生同痛苦做斗争的勇气和力量。

6. 创造欢乐法

心绪不佳、烦恼苦闷的人，看周围一切都是暗淡的，即使看到高兴的事，也笑不起来。 这时候如果想办法让他高兴起来，笑起来，一切烦恼就会抛到九霄云外了。 笑不仅能去掉烦恼，而且可以调节精神，促进身体健康。 国外有位专家认为，笑对人体有十大作用，这也是对笑能治病的简要的生理与心理的分析。 这十大作用是：增加肺活量；清洁呼吸道；抒发健康的感情；消除神经紧张；使肌肉放松；有助于散发多余的精力；驱散愁闷；减轻精神压力；有助于克服羞怯情绪、困窘的感觉以及各种各样的烦恼，并且有助于增进人们之间的交际和友谊；使人对往日的不幸变得淡漠，而产生对美好未来的向往。

7. 改变事情定义

"我们没有办法阻止事情发生，但我们可以决定这件事带给我们的意义。"你可以选择是"问题"，亦可选择是"机会"，结果总是如你所愿，想想看在这件事中带给你的是什么教训及警惕，下次避免重蹈覆辙，这就是将"问题"转化为"机会"，因此你的定义就是你的结果。

8. 改变人物画面

专家研究发现，人的头脑对数字、文字很难记忆，但对画面却是历久弥新，永难忘怀，你为什么过得不快乐，是因为脑海中有不愉快的画面。因此，如何修改脑海中的画面，就是决定我们幸福人生的枢纽。迪士尼乐园有许多卡通人物，其中最受大家喜爱的是米老鼠，华特·迪士尼把人们最讨厌的老鼠借着画面转换成为欢乐的象征，你也可以。

练就宽容与豁达的品质

一个领导者若拥有宽容之心，就能够对那些在意见、习惯、信仰方面与自己不同的人表示友好与接受。宽容最能表现出一个领导者的耐心、谦恭、睿智和深谋远虑，也是有非凡成就的现代领导者最需要的美德之一。领导者只有通过敞开心胸接受新的资讯和观念，才可以使自己的知识更丰富，个性更完善，更具有想象力。如果只会封闭自己，那就没有办法接触到多样的社会现象以及思想的不同层面。如果要求自己接受新的观念，容忍、谅解和友善地对待不同的声音，那么领导者需要不断地提高自己的精神境界等级，修炼豁达的心胸。

1. 心胸狭小不利于领导御人

（1）心胸狭小使原本愿意和你做朋友的人无法成为朋友甚至反成敌人。有些人很希望成为你的合作者与朋友，但若你对人很苛刻挑剔的话，你就容易失去这些合作者与支持者。

（2）心胸狭小阻碍想象力的发展。如果一个人总是认为自己所持观点一点也不会错，就会排斥新的做法与想法，就会把自身想象力限制在所经历的范围之内。当然也就不能有效地突破自我生存空间。

（3）心胸狭小对培养自律的功夫不利。宽容意味着对不同观点与行动的容忍，容忍是一种自我克制。能够容忍他人的人往往自制力很强，能够不愤怒，不排斥异己，这是一种很高的涵养。所以，一个人是否宽容，可以体现这个人的修养。不宽容的人很难说他有很好的修养。

（4）心胸狭小让正确的思考和推理无法顺利进行。当一个人听到与自己不同的观点时，如果首先是考虑如何自卫，怎样捍卫自己的观点，那么他往往就很少真正考虑观点本身究竟是否正确，他也没有耐心去推敲对方观点与自己观点的相同点与不同点，这样就忽略了正确的思考与推理过程，很容易犯下错误。所以，从这个角度讲，不宽容也会使人冲动。

（5）心胸狭小造成下属与自己不能团结同心。领导工作的经验与教训告诉我们，一个对下属要求苛刻、专横武断、自以为是、狂妄自大的领导者会导致工作产生这样三种不利局面：

其一，下属不会告诉你真实情况。因为你喜欢高高在上，表现出知道大量他们未知的事，而且你特别坚持自己的立场，所以他们知道，万一他们的看法与你的推断不符，往往吃力不讨好。

其二，由于你对下属表示不信任，认为自己有比他们强的能力，总认为自己高明，造成的结果就是降低内部信任度。

其三，由于你不去主动听取他人的意见和看法，认为自己永远不会错，你就无法发挥集体智慧的优势，就无法做到顺利地凝聚人心，吸引人才，最终成为孤家寡人、一个失败的领导者。

美国学者密歇尔·迪恩在《美国健康》杂志中告诉人们宽恕他人会有何种效果："如果说宽恕是一种圣洁的品质，那么我们中的许多人都欠缺这样的仁慈。但原谅那些曾经伤害你的人，的确会让你的身心有种平和感。如果你拒绝忘记那些微不足道的陈年往事所引起的愤怒，你就无法拥有此种平和感。"此外，科学家的研究还表明：宽恕他人能让你更加健康。

美国密歇根州立大学曾做过一项行为学研究。结果发现：当人们设想报复那些伤害过自己的人时，血压会明显上升，而当他们想原谅那些背叛者时，血压会下降得特别明显。斯坦福大学有一个"宽恕他人"的项目研究小组，他们也发现，那些尝试宽恕他人的人与无此愿望的人相比，显然少了许多压力和愤怒的身体表现。

2. 领导者如何学会宽恕他人

（1）不要等着别人来道歉。很多领导者心里这样想："除非他来道歉，否则我才不会原谅他呢。"如果领导者坚持这么做，往往是自己付出代价。这等于是把安宁交到了别人的手中，自己的心情受他人掌控。因为你只要一想到那件不愉快的事，你就会感到愤怒和受伤害。

（2）同情冒犯你的人，他这么做也许是因为无知、恐惧或痛苦。所以，领导者可以试着站在他的立场考虑，这样做容易宽恕他人。

纽约的心理学家罗伯特克伦博士也认可此立场："我们忘记了，有时连非常爱我们的人都会伤害甚至背叛我们。有时候，因为你被人家伤害了就结束你们的关系是没有必要的。"

（3）设想一下自己被人原谅后的轻松感。每个人都有犯错误的时候，列举自己的缺点和失败远比说别人痛苦得多，领导者应该让心理保持平衡。想象一下某一天如果你得罪了一个你在乎的人，而他轻易地宽恕了你，你的心情如何？

3. 修炼宽容的领导美德

在人的性格中，宽容与否是领导者自己最能明显地感受到的，因此也最易改进。作为一个领导者怎样才能拥有宽容？不妨参考以下建议：

（1）在与任何人的谈话过程中，都不要背后议论你的朋友、领导、同事的缺点。这种私下评论容易使人对你产生怨恨，从而阻碍你的工作。要记住，你对任何人说的一句不经意的话，都可能传到当事人的耳朵里。在大多数情况下，你要尽可能想到他们的优点，要赞扬他们的长处。

（2）当遇到别人和你的观点、行为与做法不同时，首先要想想对方合理的方面，他们为什么要这样想、这么做。然后，再拿自己的做法与他们的做法作对比。

（3）要努力与具有不同风格、不同背景、不同思想的人做朋友，仔细观察他们的行为，要善于采纳新的观点与分析视角，这样你才能从他人的知识和阅历中获得经验。

（4）无论何时何地，你首先要做的是宽容地对待人和事。当遇到任何你认为忍无可忍的情况时，就应当立刻默念此条建议。

善于自我调节，求得心理平衡

心理不平衡是一种正常现象。一般人在某种特定的环境、阶段都有可能产生，特别是当工作、事业、家庭遭遇不顺，看到别人胜过自己，则往往不悦。这种不悦如能自我调节，自然无碍，但如果缠于"利"上，则心里总感到不舒服、不顺畅，于是烦躁，愤怒，寻找发泄对象，任由这种心态发展下去，以权谋私、违法犯罪就成了某些领导者的最后归宿。对领导人来说，心理失衡将可能导致罪恶的产生。如果处理不好得失问题，很容易自乱阵脚，难成大事。

官阶爵位，其实与人们家里的椅子沙发也差不了多少。我们虽不必一概反对做官为政，却也实在没必要把它看得很重，我们可以要，也可以弃。

孟子在齐国做过一段时间的卿相，后来他决定离开齐国。

与孟子同在齐王手下做官的淳于髡问孟子："重视功名是为了济世救民。您身为齐国三卿之一，如今上辅君王、下济臣民的功名都没有建立就要离开，难道这是仁人的作为吗？"

孟子回答说："身处卑微，不以自己贤人的身份服侍不肖的君主，有伯夷；五次为汤做官，力图推行自己仁政思想的，有伊尹；不讨厌恶浊的君主，不拒绝微贱的职位的，有柳下惠。这三个人的行为方式不同，但大方向却是一致的，他们都是为了仁。君子只要仁就可以了，何必拘泥于具体如何去做呢？"

孟子一连举出三个人，要说明的其实也就是一点。对他来说，既然齐王不能行仁政，我便可以随时弃了他给我的卿相之位。说得极端些，能不能做官依不得我，但做不做官，做什么样的官，怎样做官，却要依了我，这些与给我官做的人是没有什么关系的。

由于级别、部门差异等的存在，领导者的地位、待遇、收入、受尊敬程度的不平等也是自然的。面对如此反差，一般人都会有想法，但有想法却不能心理失衡，更不能因此而不顾形象、不顾后果、不择手段。领导人如何才能不失衡，关键是要有较高的自制力、制衡力，一定要始终保持良好的心态。

首先，调整领导心态。领导也同常人一样，甚至"比普通人更容易患上焦虑症"，多与他人交流，加强沟通有利于缓解领导者的心理压力，减少不平衡，也有利于员工理解领导者。

其次，要善于自我调节。你自己感觉心理不平衡，但普通民众看到的事实却似乎是另外一种光景：大多数领导，退下来以后，他们的生活仍然是那么令人艳羡。想想他们，也许会好受些吧。多一点业余爱好，多一点私人空间，学会自我调节，善于自我放松，听听音乐看看书，下下象棋钓钓鱼，生活讲品位，重质量，放飞心情，愉悦身心，那自然会"不以物喜，不以己悲"。别人升迁我庆贺，心底无欲天地宽。这又何尝不是一种人生境界呢！

法则三

领导要有人格魅力

人格是人最有折服力的魅力

"人品第一，虽然不要求他是圣人，但要求达到一定的诚信度。"谷歌（Google）中国区领导李开复在谈到有关招聘人才标准时说：道理很简单，如果招聘了一个不诚信的人，今天此人可能会因为你而出卖以前的工作单位，某天也可能会因为别的工作单位而出卖你。 这跟李开复在给中国学生的几封信中所反复强调的"诚信"十分吻合。

李开复曾面试过一位求职者。他在技术、管理方面都相当出色。但是在谈论之余，他表示如果被录取，他甚至可以把在原来所在工作单位工作时的一项发明带过来。这一番谈话之后，李博士彻底打消了录用他的念头。这时候他的能力和工作水平都不重要了，原因是他缺乏最基本的处世准则和最起码的职业道德。

2001 年，李开复与北京大学一位领导一同参加中央电视台《对话》节目。录制过程中，李开复将"人品"列于人才所有素质的首位，超过了智慧、创新、情商、激情等，而这位领导则将之排除在前三之外，并认为"教导人品是家长的责任，而淘汰人品不好的人是社会的责任，学校和老师不用负责"。这种观点让李开复震动，他确信，这位领导的想法，在某种程度上代表"中国的教育制度和中国人对教育的看法"。

登山是"不断被命运选择"的王石的人格标签。 在不同场合，总有人提出这样的问题："你登珠峰的做法令人佩服，但作为上市公司董事长，这是对股东负责的做法吗?"王石的回答是："不能因为是上市公司的董事长就没有个人生活。"但同时，他也一直在考虑如何规避投资者的风险。 答案就是尽可能增加透明度。 尽管登山是个人生活，但由于这项运动的风险性，仍可能会影响公司股票的行情，所以，王石决定让自己的行为尽量透明，让股东知道这些情况。

毋庸讳言，王石具备了强大的人格精神：有极强的政治敏感度，不缺政治精神；执着把万科打造成中国最好的房地产商，要造中国最好的房子，不缺工业精神；把万科从一个小小的产品代理商做成了沪深两市房地产上市公司第一名，不缺商业精神；不行贿，注重回报员工和回报社会，不缺社会精神。然而，除此之外，王石人格精神的实现，还有三个要素至关重要：一是真实；二是符合社会道德标准；三是有驱动企业不断成长的商业模式，使之在实现个人理想、爱好的同时，能对投资者、股东和员工负责。

人类从茹毛饮血到生火煮食，从住洞穴到建房子，从步行到坐车，都有着对崇高精神的追求。

人品是一种心态，人品是一种境界!

有亲和力的领导更富有魅力

亲和力，原意为两种以上的物质结合成化合物时互相作用的力，后来被延伸用来形容一个人的凝聚力、感召力和沟通能力。

亲和力是一种无形的魅力。在一个人性格上，它体现为幽默、谦和、智慧、爽快、诚信等等。在人际关系上，它体现为与人相处时的一种和谐，一种自在，一种淡漠，一种超脱。

对领导者来说，亲和力就是以领导者个人为载体，用自己的高尚品德和人格魅力将周围的群众联系和带动起来，向四周散发出影响力和组织效能，从而在部属和群众中产生发自内心的信任和拥戴的能力。亲和力代表着单位形象和团队精神的人格化，是领导者素质和思想道德的内在体现，是独特的领导艺术和领导方法，是领导者才能得以充分发挥和事业成功的重要因素之一。

亲和力与学历层次和技术等级的明显区别在于，它既不能通过教育培训来提升，也无法用考核指标来量化，而是需要长时间的锻炼和修养。作为一名领导者，应当树立远大的抱负，改进领导方法，提高领导艺术，在提高业务能力的同时，靠各种途径最大限度地使自己的凝聚力和感召力得以提高。

1. 尊重下属

古人云，"敬人者，人恒敬之"。每一个人都希望得到别人的尊重，反过来，人人都必须尊重别人，这是一个用来处理人与人关系的准则。尊重他人，绝不能以获取别人的尊重为目的，更不能为获得尊重而故意讨好献媚。尊重是相互的，领导者与下属在工作关系上虽然是上下级关系，但并不是说领导者要高下属一等。要赢得下属发自内心的尊重，领导者必须首先尊重每一个下属。在现实生活中，每一个人都希望得到别人特别是上级领导的尊重、理解和关心。领导者对下属的尊重，就是对他们最好的奖励。因此，领导者一定要将架子放下来，不能在人前摆谱，更不能在下属面前摆谱，要平易近人，时时处处尊重和维护下属的人格尊严和正当权益。其实，只要领导者在平时的生活和工作中能对下属多一点尊重、多一点理解，甚至有时是一句善意的玩笑，就能拉近双方的距离、增进彼此的感情，使下属多一分自尊。在平时的生活与工作中，当自己的意见与他人的意见产生分歧时，首先要尊重他人提出的意见，仔细考虑他人的立场。如果不尊重他人的意见，必然会伤害他人的自尊心，从而造成人际关系上的负面影响。更何况每个人都不可能每时每刻都正确，通晓世事。因此，一定要虚心听取他人的意见。

2. 真诚地关心他人

"感人心者，莫先乎情。"只有真正关心他人，他人才会回馈、帮助你并与你协作。领导者的亲和力本质上是一种爱的情感，民主平等的思想是它的核心。领导者要把部属当作自己的亲密战友和同志，尊重部属的人格和权利，宽容部属的缺点，以认真的态度关心部属的利益。领导者在工作和生活中要掌控自己的心情，做到以理服人，以情感人，以爱动人。领导者要相信每个部属都有独特的优势和潜力，都是可造之才，花心思去培养是值得的。 领导者要始终充满信心地去面对每个部属，并关心他们的成长进步，真心实意地关心爱护部属，不护短也不要揭短。 同时，看问题时要学会客观地、全面地去看，客观公正地评价每个人的功过，既要看到弱点、缺点和不足，也要看到优点和长处，这样一定能赢得部属发自内心的信服和尊重。

3. 诚实守信

诚实守信既是传统美德，也是社会公德，要想让部属拥护和爱戴自己，取信于民至关重要。 因此，领导者要以诚信为本，言出必行。 市场经济是信用经济，现代社会是信用社会，廉明政治是信用政治。 而建立信用经济、信用社会、信用政治，首先需要所有领导者做出表率，那就是讲信用。 朱镕基曾经指出："要切实加强社会信用建设，全社会要渐渐形成一种以诚信为本、操守为重的良好氛围。"这不仅是对建立市场经济新秩序的要求，也是对领导者诚信操守的要求。 因此，领导者要从党和国家前途命运的高度，从经济发展、社会稳定的高度，从建立和谐社会的高度来认识诚信的重要性，带头讲诚信、守信用，成为诚实守信的表率，力戒夸夸其谈、哗众取宠的浮躁作风，求真务实办实事，脚踏实地干事业。

4. 坚持自律和垂范

严于律己、率先垂范是一个优秀领导干部的标准，是其应具备的政治品质。 火车跑得快，全靠车头带。 榜样的力量是无穷的。 领导者等同于排头兵，示范引路的作用十分重要。"差之毫厘，谬以千里"，领导者如果惊慌错乱、错了步调，部属就会迷失方向、无所适从。领导者作为领头雁，又在众人瞩目之处，他们的一言一行都会影响和带动一大批人，如果自身的模范作用不强，对下属就不能产生影响力。领导者要想让下属拥护和赞许自己，就要始终保持清正廉洁的党风、勤政为民的政风、忠厚淳朴的民风、艰苦奋斗的作风，始终与部属联系密切，尽可能地使自己成为部属心目中的主心骨。领导者应该始终站在群众前头，用自己的实际行动忠实履行"为人民服务"的宗旨，将希望给予迷惘的部属，将光明给予困惑的部属，部属困难的时候给予他们温暖，庆贺胜利的时候献上鲜花、掌声和美酒。

5. 不断拓展学识魅力

领导者在学识方面的影响力和感召力其实是一种榜样示范。一方面，领导者渊博的知识、高超的管理才能、高瞻远瞩的战略意识、满腹经纶的学者风度能从心理上使下属受到影响，使他们获得一种正面积极的世界观、人生观和价值观；另一方面，领导者渊博的知识能从行为上引导下属，使他们产生对学习的兴趣，并让他们在实际工作中将所获知识进行运用和检验，以此来提高工作能力。这种学识魅力往往就是无声的命令，使领导者成为集体凝聚力的重中之重、下属能够依靠的靠山、一呼百应的领袖。领导者要不受琐务的烦扰，要经常浏览新知，关注新的理论突破，思谋新政策、新法规，确保对本单位事业发展带来的机遇与挑战想得深、看得远。领导者要注意发现事业发展最需要的领导素质是什么，并反观自身的素质特点和发展潜力，在需要与可能的均衡点上对某方面的特质进行锤炼和提高，从而在特殊时刻或某一关键方面发挥与别人不一样的作用。有特殊的能力就会有特殊的地位，就容易给人留下出类拔萃、举足轻重的良好印象，从而快速提升自己的"人气"。

6.注意加强风度修养

风度是具有个人特色的举止、姿态。领导者不仅需要具备社会上每个人都具备的共同的风度美，而且还一定要体现符合其特殊身份、职业的风度美。而领导者要想给人以美好的印象，使人喜欢你，就必须做到服饰适宜、神态自然、举止得体、语言感人、宽容大度。只有努力做到将崇高与优美融合，才能提高自己的亲和力和追随度，才能让自己获得更佳的风度。

亲和力体现了一个人的综合素质，是长期修炼的结果。领导者一定要加强亲和力的修炼，不断提高自身的修养。

以信誉树立权威

信誉是什么？就是忠诚，不欺骗。《论语》说："吾日三省吾身：为人谋而不忠乎？与朋友交而不信乎？传不习乎？"古人特别讲究"为人谋"要忠诚，"与朋友交"要讲信誉。

对领导者来说，信誉是一种资本，是一种"金不换"的资本。有信誉就可以聚合队伍，可以取信于人。在很多时候，办企业和做人一样，实际上是一个永无止境挣信誉的过程。因此，一位知名企业家曾感叹天底下最容易挣的是钱，最难挣的是信誉。为什么这样讲？因为其认为钱是那种靠技巧和力气就可以挣到的东西，无非是挣多挣少的问题。而信誉是不能靠技巧挣到的，要靠内在的品质与自觉。因此，一个政府、企业或者个人，如果透支信誉，必定会付出惨重的代价。

由香港影星成龙演绎的那则广告，使"爱多"几乎家喻户晓。在胡志标这个年仅 30 岁的广东青年带领下，爱多公司创建了中国 VCD 市场最响亮的牌子，它在中央电视台一掷 2 亿夺得"标王"的非凡魄力，调动了全国各地新闻媒体的热烈炒作，它在 VCD 市场上引人注目的表现，为自身及合作伙伴带来了滚滚的财富。

然而，到 1999 年年初的时候，爱多便出现了一些反常的现象：在中央电视台播出的有关爱多的产品的广告锐减，在全国的许多大城市中，曾经处处林立、举目皆是的爱多户外广告，不知不觉中已是渐现稀疏。在一些全国性的报刊上，爱多广告同样大幅度减少……到2000年，历经了债务堆积、广告停播、股东危机、法院封楼、员工离开等一系列的打击后，红极一时的爱多终因欠巨额债务而陷入了困境，破产在即。到了4月，爱多危机爆发一年整，胡志标又出了事，因涉嫌商业欺诈行为，被警方刑事拘留。因此，有理由问，号称"我们一直在努力"的爱多和他们的领导者胡志标"一直在往哪儿努力"？

爱多走到今天，其中一个最低级的错误，便是缺乏最基本的商业信用。1999年年初，在爱多初现病象的时候，据《中国企业家》杂志披露，爱多连最起码的商业信誉也缺乏。爱多的一位供应商说：该公司与爱多合作几年了，当初为了争取爱多的订单下了不少的功夫，认为与爱多合作是一次好机会。谁知好景不长，从1997年年底至今，爱多先后占用该公司资金800多万元，现在还欠着500多万元。另一家公司也反映，在与爱多公司合作的几年中，对方从一开始就未能按时履约支付货款，至今仍有240多万元货款未还。这位供应商还表示，爱多的老板（胡志标妻）曾经亲口表示"我公司做出如下承诺：12月（1998年）结束前407亿的期票兑现给贵公司。1月（1999年）前付出85万元，春节前付清余款，还望贵公司能接受此计划。"可是，直到现在还是一分钱未还。尤其让这位供应商不解的是，1998年12

月 19 日，爱多还开出了一张 40 万元的空头支票！同样收到空头支票的另一位供应商直言不讳地批评说，爱多工作效率低，对合作方没有诚意。

写到这里，即使读者不知道爱多为何会有今天的尴尬，也能理解爱多为什么会衰落，一个不讲信誉的公司迟早会被市场淘汰。

而且，作为中央电视台的"标王"、VCD 的龙头老大，通过广告轰炸，爱多在人们心目中已经树立起了非常好的品牌形象。可以这么说，爱多在人们心目中的地位是超出一般的 VCD 品牌的。由于人们对爱多的期望偏高，而爱多本身的技术和管理却跟不上，与一般品牌的 VCD 技术没有差别，这必然导致其在人们心目中的地位的衰落。可以说，爱多夺得"标王"，进行广告轰炸，其实质是在透支其信誉，透支爱多这个品牌，而这种透支的结果，迟早会给企业、给胡志标带来巨大的不幸。

忠信是立身之本，企业的信誉就是企业的灵魂，个人的信誉就是个人的生命。我国古人很讲究言不在多，但必须守信的道理，因为自己守信才能得到人们的信任。一般老百姓讲不讲信用，只是关系到他的人际关系；而政治家、军事家讲不讲信用，则关系到治国、治军的大事。在今天，守信更成为事业成功的一个重要因素，成为人们的信条。

《商君书》记载，商鞅准备在秦国变法，制定新的法律。为了使百姓相信新法是能够坚决执行的，他在京城南城门口立了一根木头，对围观者说："谁要能将这根木头从南门搬到北门，就赏他五十两黄金！"大多数人都不相信有这等好事，害怕商鞅的许诺不能兑现。就在大家犹豫不决时，有一个人扛起木头，从南门一直走到北门。商鞅当场兑现诺言，赏给他五十两黄金。这样一来，人们都相信商鞅说的话。自此以后，在他推行所立的新法的时候，人们都遵守了。

虽然大家都知道守信，也明白是怎么回事，但是总有些人会由于某些特殊的原因不能遵守诺言。作为领导者，尤其应该重视这方面的问题。特别是有的领导者，当下属做了一件很令自己满意的事的时候，总会脱口而出许下一个什么诺言，并且这些许诺大多和升职、加薪有关，让下属引颈期盼。可是也许由于工作繁忙，他说过之后就忘记了，这样会极大地挫伤下属工作的积极性。

领导者不遵守自己的诺言将会失去下属的信任。得不到下属信任的领导者怎么可能带领自己的团队做出优秀的成绩呢？领导者的成功总是和团队基层工作人员的努力分不开的。因此不能轻视对下属的许诺，要么不许诺，如果许诺就一定要遵守。哪怕最后领导者需要一定的付出，也要遵守诺言，否则，失去的东西将会更多。

领导者必须具备的五项素质是：智、信、仁、勇、严。这里的"信"就是必须讲信用。"一言既出，驷马难追"，说明人们对信用的重视和对讲信用的人的尊重。现代社会是信用的社会，信用无处不在。 向同事朋友借钱是靠信用，而领导者做工作也要讲信用。 领导者要对自己说过的话、做过的事负责，这就是领导的信用。 一个言行不一的人，常被人们斥为小人甚至是骗子，而不讲信用的领导可以称其为赖皮领导，最终将会失去下属的信任。 对下级不讲信用，会遭到他们的反对而失去应有的威信；对上级不讲信用，利害则不讲自明；对同级及组织外的其他单位不讲信用，将会导致组织与外界关系的中断，这是组织公共关系的最大阻力。

《诗经》中说：白圭上的污点，还可以磨掉；语言上的污点，就难以磨掉。 说话守信，行为果敢；有命令就去执行，有禁规就去阻止；法度不轻易改变，制度不轻易变更。 领导需要这样来立信。 领导立信于上，百姓遵守于下；法令政策行于上，百姓官员行于下。

君子一言，驷马难追。 言必信，行必果，这是做人的学问，也是领导用人的学问。 人无信不立。 一个国家，一个单位，一个企业，没有信用也难以立起来。 领导靠信誉树立起来的权威，基础更牢固，更有持久性。 傅玄在谈到信用时说："以信待人，不信思信；不信待人，信思不信。"以诚信待人，人必诚信；以欺诈待人，人必欺诈。

生活中，常有些人喜欢顺口答应别人事情，而事实上却无法做到，这就叫作"空头支票"。 身为领导尤其要避免这点。有些刚上任的主管，由于过分相信自己的实力，很轻易地就会答应下属："过些时候我可以指导你。"然而往往却做不到。这样很容易在下属心中留下一个"不守信用"的印象。 因此，对于一个领导而言，空头支票绝不能开，一是因为它失去章法，二是因为失信于人。

有一家外贸公司的地区市场负责人王先生，很想将分公司的销售问题解决，于是就向销售部门提出种种计划。当他每一次出差到总公司时，就向销售科负责人如此说："我那边的产品 A 销售不佳，要求减少该产品的供应量""目前我那边产品 B 销售量增加，应该适当地增加货源""顾客普遍要求送货上门，我们是否考虑开办这项业务，方便顾客，也能保持客源"。每一次他提出这些问题时，销售科科长都会回答他说"是这样啊！晓得了，我可以考虑一下"或"我可以和上司商量一下，以后再说好了"。就这样，总是无法给他一个明确的答复。

一两个月很快地过去了，而销售变动的只有申请中提到的那些事而已。王先生遂想尽各种办法，通过厂长向总公司的常务董事提出报告。常务董事听后说："原来是这样，我晓得了。我会好好安排，让销售科科长办妥此事。"王先生从常务董事处听到此消息后，非常高兴，以为销售问题即将解决，遂告诉员工和顾客问题很快会解决，只是时间的问题。

又过了三个月，却毫无动静，到了第六个月，才有了小的销售变动，不过，只是些表面的工作而已。到此，下属和顾客对王先生的不信任感，愈加强烈了。其实，王先生确实做了很大的努力，而其下属和顾客仍不免在背后批评他。其实错并非在王先生本身，由于他急于解决问题，却又处理不当，徒然惹来这些非议。

这个例子很具代表性。很多时候，当领导听到下属请求时，往往认为事情颇易实现，便一口答允，而不详加考虑各种情况。事后，由于情况变化，或本身判断错误，以致发生执行上的困难，而失信于下属。此时，唯一的解决之道就是道歉，真诚地请求下属原谅。如此，下属必能释怀。可惜，多数领导都不愿意认错，而佯装不知道，因此下属不信任这样的领导是有理由的。

事实上，凡是那些喜欢开空头支票的上司，结果无一例外是众叛亲离。

923年，唐庄宗的部下李嗣源率养子李从珂任先锋，攻入开封，唐庄宗大喜，重赏李嗣源。唐庄宗对李嗣源说："我得天下，是你父子的功劳，我要同你共有天下。"可是等到灭后梁以后，他举手对功臣们说："我从这十个指头上得天下。"意思是说你们都没有功劳。他非但背信弃义、不赏功臣，反而用并无寸功的伶人做州刺史和武将，还任用孔谦管理财政。孔谦重敛暴征，民不聊生，他却授予孔谦"来财瞻国功臣"的荣誉称号。而对于李嗣源之类的功臣元勋，他却非但不兑现"同你共有天下"的承诺，相反，怕他们功高盖主，处处加以压制。这令功臣、宿将及军中将士十分不满，开始与他离心离德。不久，部下李嗣源愤然率部攻入开封自立，严重动摇了唐庄宗的统治。

作为领导者、管理者，更应该讲信用，不能够出尔反尔，一日三变，这样势必影响到自己在下属心目中的形象。设想一下，一个在下属的心目中没有良好形象的领导，又如何能够管理好下属，赢得大家的支持，开展好工作呢？

信守诺言对领导而言十分重要

什么是领导者的生命？ 是信守诺言！

假如你想拥有驾驭下属的卓越能力，就必须做到言必行、行必果。 你的心里应适时地出现这些忠告：不要承诺尚在讨论中的公司决定和方案；不要承诺你办不到的事；不要作出自己无力贯彻的决定；不要发布下属不能执行的命令！

想要拥有诚实品质，请记住这些忠告：任何时候做任何事都要以真挚为本；说话做事都力求准确；任何文件上你的签字都是你对那个文件的名誉的保证，相当于你在个人支票、信件、备忘录或者报告上的签字；支持你认为正确的事，有勇气承担因自己的失误而造成的恶果。 作为一个领导者，任何时候不能降低自己的标准，不能放弃自己的原则，不能欺骗自己；应该永远将义务和荣誉放在首位。 如果你不想冒放弃原则的风险，那你就必须把你的责任感放到高于一切的位置上。

切勿毁约，毁约近似于说谎。 对下属说谎，无异于在下属面前翻脸不认账，自毁形象！ 让下属感到不满的主管绝大多数都是说谎者。 因此，主管对于下属有一件事绝对要避免，那就是"毁约"。

实际上，经过仔细推敲之后发现，有许多主管说谎多半是迫不得已的：有时是主管内心并不想说谎，但由于各种因素，造成主管无法履行约定；也有上司本身了解真实情况，但还未到成熟的时机，因此被迫说谎；还有的是因为误会，记错、说错或听错而造成的。 即使如此，上司也不能轻率地处理此事。

上司应该坚守一项原则——对下属说谎是绝对不可以的。

通常下属会随时注意上司的一言一行。 一旦发现上司的错误或矛盾之处，就会到处宣扬。 虽然这与信赖并不矛盾，但是被捉到小辫子也不是一件光彩的事。 实际上，下属对上司的信赖程度，多半超过上司的想象。 因此，一旦下属认为"我被骗了"，那么你将无法估量他对你的愤怒程度。

你可能碰到原先认为可能完成的任务却突然失败的情形，因而无法履行和下属的约定。 此时，你应该尽早向对方说明事情的原委，并且向他道歉。 若你说不出口，而又没有寻求解决之道，将会让事态变得更加严重。 那么如何道歉呢？ 道歉的诀窍在于尊重对方的立场。 一开始你必须表示出你的诚意，若你只是一味地替自己辩解，企图掩饰自己的过失，只会招致更严重的后果。 一旦说谎的恶名传开来，就很难磨灭掉，必须花费相当长的一段时间，恶名才有可能根除。

在工作岗位上，假如某个时候你不得不说谎，最好在事后找个机会说明事实。 但说明不能只是一个借口。 毕竟因为你的谎言使对方陷于不利的处境，或遭遇不愉快的事情。 因此，你应先对你的谎言诚恳地道歉，然后再加以补充说明。 对方如果能够了解你的用心，是最好不过了。 一诺千金不能只停留在口头上，必须付诸行动！ 言行不一，欺骗下属是领导者必须克服的病症。 否则，领导者会自食苦果！

诚信需要持之以恒

领导者还要记住一点，诚实守信，是人与人之间交往时应该遵守的一项十分重要的准则，更是获得成功的重要方法。只有你以诚信示人，别人才可能交给你他们的知识和学问。所以说，老老实实做人，踏踏实实做事，是赢得别人肯定的重要方法，不要妄想通过什么不正当的手段来获取某些不属于你的东西，否则你将终究是个失败者。

宋濂小的时候家里很穷，没有钱读书。酷爱读书的他只能去有藏书的人家借。每次借阅，他总能按讲好的期限及时归还，所以人们都乐意将书借给他。

一次，宋濂借到一本好书，越读越喜欢，就决定将它抄下来。可是，快到还书的期限了，为了能够按时归还，他就没日没夜地抄书。当时正值隆冬季节，天寒地冻，寒气袭人，宋濂家里又没有什么取暖设备，冻得手都冰冷僵直了。他不得不放下笔，将手伸开、握拢，再伸开、再握拢，或是用嘴对着双手哈气，等手稍微暖和一点，再接着抄。

宋濂的母亲一觉醒来，发现儿子屋里的灯还亮着，就掀开门帘进来说："孩子，你怎么还不睡觉啊？都后半夜了，天这么冷，小心冻坏身子。"宋濂答道："娘，我抄书呢！"母亲说："今天不早了，赶快睡觉吧，明天再抄。白天天气暖和些，屋里也亮堂。"宋濂说："没时间了，我答应明天还书的，必须今天晚上抄完才行。"母亲又说："他们家有那么多的书，不会急着要看这本书吧?""那倒是!"宋濂一边抄书一边回答，"不过，不管人家是不是等着看这本书，到期了就要归还人家，不能耽误一天。"

宋濂的母亲见他坚持要继续抄，就不再说什么了。就这样，宋濂一直抄到了天亮，总算把那本书抄完了。白天，他去主人家把书还了。那人接过书一看，干干净净，不卷不折，还是那么平整，非常高兴，就对宋濂说："快过来看看，这一排都是好书，你随便挑你想借的吧。"

长此以往，宋濂借阅了许多书，学识大大增长了。渐渐地，宋濂长大了，意识到只靠自己埋头苦读，书中许多重要的地方都领会不了，需要有人指点。于是他决定去寻访名师。很快，宋濂打听到一位很有学问的人，并和他约定了拜望的时间。

那位学者的家很远。不巧的是，就在出发前接连几天下起了大雪。好不容易等到天晴了，强劲的西北风又刮起来了。风卷积雪，天地间一片白茫茫。人们都躲在家里，路上几乎看不到行人。

这天一大早，宋濂就装好书箱，捆好铺盖，准备出发了。母亲见了大吃一惊："儿子，这么大的风雪，你出远门怎么能行呢?"宋濂说："娘，今天不出发，拜师的日子就会被耽误了。"母亲劝他说："儿子，你想想，去老师那里得经过深山大谷，山里的雪恐怕更深了，哪能迈得动步啊！再说，你就穿这么一件旧棉袄，难以抵御寒气呀！"宋濂说："娘，约定好了拜师的日子，我作为学生可不能失信，再大的风雪我也得去！"母亲又劝他说："儿子，碰上这样的天气，就是迟到了，老师也不会责怪你的。""老师可能不会责怪我，我也明白这一点。可是我必须守信用，不能因为老师不会责怪我就失信啊。"说完，宋濂就告别了母亲，冒着刺骨的寒风上路了。

经过几天的艰难跋涉，宋濂准时地到达了老师那里，但是浑身都快冻僵了。老师见了，感动得连连称赞："这年轻人，守信好学，将来一定能成才！"后来，宋濂果真成了一代名臣。

曾经有人说过：掌握诚信，也就掌握了成功的方法。可见诚信在一个人成才的道路上是多么重要。宋濂之所以能够成为知识渊博的一代名臣，根本原因是他拥有诚实守信和坚韧不拔的品格。

领导者要敢于做第一个吃螃蟹的人

　　鲁迅先生曾经嘉许世界上第一个吃螃蟹的人是英雄，这并非是毫无根据之言，就拿现在人们奉为美食的西红柿来说，人们敢于食用也不过是近几百年的事，在此之前漫长的时间中，人们坐视鲜红的西红柿自生自烂而弃之不食。

　　就拿作战来说，汉代的作战方法到明清时期依然未变，战场上军人对抗时仍然看不到从改进手段入手寻求制胜的道路。大多数统兵高手的制胜之道，都是以现有条件为手段，力求做到以谋制胜，在计谋的基础上演绎出千变万化来，结果是继孙武以后，兵家辈出，兵书汗牛充栋，但变来变去，都还是在孙武的思想内打圈子，所能想到的无非也就是韬略、谋术。重权谋，成为东方兵学的特点。

　　在这种氛围下，要想在军事观念上有大的变革很显然是非常有难度的，但个别有识之士，从改进兵器入手，敢为天下先，在谋略对抗的主流中冒出一股注重从改进技术手段来求胜的潜流。这种走前人没有走过的道路的闯劲，毫无疑问应该被纳入统御谋略之中。

　　在改进兵器上率先走出一大步的是南宋名将陈规研制使用火枪。作为南宋镇抚使的陈规，不仅研究谋略战法，更重要的是重视兵器研究，要从技术入手，从而提高作战效率和成功率。北宋初年，古代火器初次使用于战场，这标志着热兵器和冷兵器并用时代的开始。陈规在前人研制"火箭""火球""火蒺藜"的基础上，制造出火枪，并在 1132 年守德安（今湖北安陆）70 天中，利用此种武器给敌人以重创。这是一种以竹竿为筒、内装火药、一旦点燃就能喷射的武器，他们靠这种火枪焚毁了敌军攻城的装备"天桥"，敌人被迫退兵。据说，这是世界战争史上第一次使用管形喷火器，比欧洲 1915 年使用的金属喷火器早 783 年。曾远征中亚的一代天骄成吉思汗之所以能所向无敌，原因就在于他依据游牧民族善骑马的特点，创建了世界第一流的骑兵部队，而且还创建了炮兵，与此同时，提出了"攻城用炮"的理论，在灭金、攻宋和西征中发挥了巨大的威力。他的孙子忽必烈继承和发展了攻城用炮的思想，因此从西域请来炮匠，制造回回炮，在襄阳之战中，使用此炮，"机发，声震天地，所击无不摧陷，入地七尺"，战斗因此而大胜，故又称此炮为"襄阳炮"。之后忽必烈仍然不满足于已有的成就，大批征调炮匠研制新炮。仅于 1279 年就从两淮征调炮匠 600 多人，1284 年从江南选调 11 万匠户到都城制造新大炮。到 1287 年，元朝火炮技术的发展有了突破，一种利用火药在金属管内燃烧产生气体形成的压力，把弹丸发射出去的金属管形火炮出现于战场。出现时间比西方同类型火炮要早 50 年以上。

明末名将袁崇焕之所以成为清初统治者的"眼中钉"，不仅是因为他有高超的谋略，最重要的原因在于他敢于使用先进兵器，勇于实践探索它们的应用及使用结果。明朝后期，富有远见的火器制造专家徐光启、李之藻等人，引进了一批西洋大炮。这种炮射程远、威力大，据史料记载称其"一发掘血渠数里"。但这种炮比较笨重，并且操作技术比较复杂，使用不当时反而会有自伤的危险。所以，当时很多将领不愿意使用此种大炮，甚至当作废物丢弃一旁，让其自行锈蚀，作战的时候仍然继续用以往的冷兵器。而镇守山海关外重镇宁远的大将军袁崇焕却看到这种火炮的巨大作用，视此物为宝，亲自聘请专家来训练炮手，培养出一批精通炮术的专业士兵。除此之外，他还根据火炮性能修筑炮位，制定了"凭坚城用火炮"的积极防御方针，以对付精于骑射、擅长野战的努尔哈赤后金军。

1626年正月，袁崇焕率领宁远城军民，用11门大炮一举击败并杀伤来犯的八旗劲旅一万多人。一直自称用兵40年都不曾有败绩的努尔哈赤也在攻城中被炮火击中负重伤，败退盛京（沈阳）后叹道："我用兵以来，未有抗颜行者。袁崇焕何人，乃能尔焉！"不久以后就死掉了。第二年五月，刚取得汗位的皇太极为报父仇，亲率大军攻锦州、宁远，战役相持一月有余，袁崇焕凭坚城利炮，与皇太极大战3次，小战25次，无日不战。战争最后，金军再一次伤亡惨重，皇太极又败回盛京，无奈道："昔皇考太祖攻宁远，不克；今我攻锦州，又未克，真何以张我国威焉。"袁崇焕以敢为天下先的思想，使用新兵器用出了名堂。

清朝康熙皇帝也是一个不墨守成规的实干家，他非常重视科学技术在军事上的应用。1674 年，吴三桂发动三藩之乱的时候，20 岁的康熙帝听说有个浙江钱塘人戴梓会自制火器，能击百步之远，便命康亲王杰书礼聘戴梓从军。康熙帝亲自召见戴梓，发现其才识过人，便将其留在京师，督造他发明"连珠火铳"。这是一种连发枪，可贮存 28 发弹丸，有两个扳机，两个可以交替着来扣动，连续射击，射程达百步以外。这种武器在清军平定三藩之中曾大显威风，在中外机械发展史中，改单发为连发这一技术上也起了开先河的作用。

　　1687 年，康熙帝为准备镇压噶尔丹叛乱，命戴梓监造"子母炮"，8 天即成。当时，康熙亲临试验场观看试炮。此种大炮，子在母腹，母送子出，从天而降，层层碎裂，锐不可当。康熙帝为此十分高兴，大为称赞，封此炮为"威远将军"，并命人把戴梓的职名镌刻在炮身上，以表彰其功绩。1690 年，康熙把这种炮成功地运用于战斗中，八月的时候，清军同噶尔丹军在乌兰布相遇，只见噶尔丹将万余橐驼尽缚足卧地，背如箱垛，蒙盖湿毡，围成一周，叫作"驼城"。噶尔丹统军于内，欲与清军决战，清军无视，并隔河立阵，施放火炮，"威远将军"大炮大发神威，从午到晚连续不断地轰击，驼皆倒毙，驼城中断，清军两路进击，消灭了噶尔丹的大部分主力。

然而，在中国历史上具有创新思想的人，毕竟只是凤毛麟角，屈指可数，整个的社会氛围仍旧是固守老祖宗的方法，对这些新玩意根本不屑一顾。科学技术一直被知识界视为雕虫小技，虽然中国最早发明了火药，有了火炮、"连发枪"，但那都是手工业的产物，从未纳入到工业大批量生产的轨道之中。之后，在腐朽的封建王朝的影响下连这点手工业生产也几乎荡然无存了。于是，鸦片战争后，当外国侵略者用洋枪洋炮轰开中国闭关锁国的大门以后，清朝军队中还是有人无知地视这种火枪火炮为"邪物"，竟提出"以鸡血狗屎破之"等可笑可悲之主张。实践证明，领导的智慧不仅表现在要统人，还要治事；不仅要研究如何在现有条件下运用计谋赢得一次对抗，更要研究如何不断地追求力量的增强。

付出感情，员工才会回报热情

伊拉斯谟曾经这么说过："一个卓越的领导者，有时候必须懂得运用'谎话'去激励和鼓舞下属。"的确，一个成功的领导者必须知道如何激励下属的热情和鼓舞下属的士气，即便这些激励和鼓舞的言辞全部都是暂时无法兑现的"谎话"，也必须充满感情和热情，把它说得跟真话一样。

感情是联系人际关系不可或缺的纽带，在领导与下属之间亦是如此。

想让员工理解、尊重、信任、支持自己，并发挥应有的才能，领导者首先应懂得怎样理解、信任、关心和爱护他们。

有耕耘才会有所收获，想要成为一名卓越的领导者，一定要高度重视自己的员工，以心换心、以情动情。

心理学家马斯洛的需要层次理论认为，凡是人，都希望别人能尊敬和重视自己、关心和体贴自己、理解和信任自己。这种需要是属于心理上和精神上的，是比生理上和物质上更高级的需求，因为物质只能让人暖饱，精神才能给人力量。

如果领导者能对员工平等相待、以诚相见、用心对待，从思想上理解他们，从生活上关心和爱护他们，在工作上信任并支持他们，使他们的精神得到满足，那这些员工当然就会以热情回报，奉献出所有力量，努力把工作做得更好。

领导者对待员工要以心换心、以情动情这个道理，许多古代的政治家都懂得，如刘邦的"信而爱人"、唐太宗的"以诚信治天下"，都是很好的例子。

每位员工都需要领导的尊重、理解和信任，如果领导者能注意这一点，并身体力行，那么公司里就会出现亲切、和谐、融洽的气氛，凝聚力和向心力会大大提高，自然也会为公司带来更大的效益。

　　因此，在公司的领导和管理工作中，优秀的领导者应该懂得感情投资，知晓人情也是自己雄厚的资本。

　　对员工付出感情，下属自然也会以热情回报。领导与下属间的感情好，公司内的气氛自会融洽，员工的工作效率也会提高。如此上下一心地努力工作，公司当然会越来越蓬勃发展，越来越茁壮。

法则四

管人就要有立场

公众美誉度的提升要靠实际成就

领导者的权威主要来自于不断提高的业绩。 不断提升业绩是领导者最关心的问题。 作为一个领导者，如果没有辉煌的业绩，无法让业绩不断增长，那么很显然他的实力是有所欠缺的。 因为，成功的业绩是领导者实力最充分、最有力的证明。

为了让业绩不断增长，领导者须从以下两方面着手：

（1）不断审视现行的管理制度是否合理，也就是说，如果部门因领导者的管理而使得目前的业绩提高就是成功。 反之，就是不成功。

（2）不断思索现行的管理制度是否有效，如果部门的业绩不仅仅是暂时性提高，而且前景看好，就是有效的。 但是，如果只是为了追求眼前业绩的增长而对员工采取强硬的手段，毫无道理、强制性地要求组织成员付出，当组织成员遇到无法适应的状况时，就会产生抗争。 这样反而更不利于组织的发展，甚至使得业绩一落千丈，如果是这样那么组织的管理制度是无效的。

闻名于世的调味品制造商 M 公司的创办者维乐比错误地认为，只要能制造优良的产品，就一定能卖出去，进而带动公司的发展。于是，为了提高业绩，维乐比习惯以厉声呵斥来指挥下属，果然，业绩在一段时间内大幅增长，但没有过多久，业绩就停滞不前，甚至出现了衰退的现象。像这种不受员工欢迎，或是无法适应环境变化的管理制度，虽然暂时可以称得上"成功"，但从长远来看，却是"没有效果"的，必须改善或废除。

就在公司处在业绩衰退、无法产生利润的困境中时，维乐比病逝了，其侄子查尔斯接管了 M 公司。查尔斯立即召集全体员工宣布："薪水提高一成，每天工作时间缩短至九小时，公司今后的生死存亡全看大家的努力，希望大家加油！"这个决定让所有的员工极为振奋，工作积极性、主动性大幅度提升。在全体员工的努力之下，公司业绩逐渐好转，而且不到一年的时间就转亏为盈，并很快打破了公司有史以来的最高销售纪录。

可见，真正成功又有效的管理制度是既能深得下属的心，同时又能适应环境变迁的管理制度。 维乐比的管理方式虽然暂时是成功的，但最终的结果却是无效的，最后，还是使公司业绩一落千丈。 然而，查尔斯的管理方式可以说是既成功又有效的，所以使得公司业绩逐渐好转。 成功的领导者会不断审视现行的管理制度，力求管理制度既成功又有效，从而保持业绩持续稳定地增长，以不断发展来促进组织的不断成长。

领导者的美誉度和影响力应该在实践中形成，并且在实践中进一步发展。

当然，取得进一步的挑战性实践工作的机会，又是以美誉度为前提的。

所以，这里提出了关于美誉度的两个良性循环过程：一是美誉度同事业成就的良性循环，即初等成就——低美誉度和非权力领导力，中等成就——高美誉度和非权力领导力，大型事业成就——较高美誉度和非权力领导力，更大事业成就——更高美誉度和非权力领导力；二是美誉度同实践活动的良性循环。可见，领导者的美誉度，是与实际成就的大小成正比例关系的。

要有鲜明的立场，不可迁就大多数

　　某厂有个工人偷窃了厂里的线缆，偷得虽然不多，但性质很严重。厂长准备对此事严肃处理。可是不巧的是，这个人在厂里平时人缘不错，上上下下都多少有些交情。于是很多人给他求情。有人说："念他初犯，先饶过这一次吧。"有人说："数额又不多，也没给厂里带来多大损失，干吗这么严肃？"最理直气壮的一种说法是："你看，我们这么多人都来给他求情。少数服从多数，厂长也该听听我们的意见。"

　　厂长义正词严地回答说："什么少数服从多数？厂规是厂里最大多数的人通过的，要服从，就服从这个多数。"最后，在厂长的坚持下，这个人受到了严肃处理。

　　这件事发生后的一段时间内，厂长好像有点被孤立，但时间一长，理解和赞同他的人便越来越多，而偷盗厂内财物的情况也从此大为减少了。

　　领导一定要有鲜明的立场，不可盲从多数。虽说"少数服从多数"是一句人人惯说的口头禅，但还有一句话说的是"真理往往掌握在少数人手里"。不要认为只有照多数人的意见办事，才能和平地收拾局面，才不会把事情搞僵。最重要的是对真理的判断，而不是对人数的判断。有些居心叵测的人很善于忽悠群众，以"多数"做后盾而提出无理要求，这样的"多数"就无须服从。

更重要的是，如果领导一味服从多数，而无自己的立场和见解，威信就无法建立。 人们会想，既然总是少数服从多数，每次直接投票得了，要领导干吗！

成为端起猎枪的猎手

拿破仑有句名言："一头狮子带领的一群羊，能打败一头羊带领的一群狮子。"有一次，拿破仑在打猎的时候，看到一个大男孩不小心落入湍急的河水中，那个大男孩一边拼命挣扎，一边高呼救命。 虽然这条河的河水并不是很深，拿破仑的随从中也有游泳高手，但拿破仑制止了大家准备下河救人的举动。 拿破仑端起猎枪，对准落水者，大声喊道："你若不自己爬上来，我就把你打死在水中。"那个大男孩见求救无用，面对随时都有可能喷出火焰的猎枪，更加拼命地奋力自救，终于游上了岸。 这个大男孩在两年后加入了拿破仑的部队，成为一名骁勇善战的士兵。 他对别人说："不是我善战，是拿破仑逼着我必须跑起来。"

企业管理者应该善于推动团队进步，让团队成员跑起来。尤其是面对那些自觉性比较差的员工，一味地为他们创造良好的软环境、去帮助他们，对他们不会产生丝毫的帮助。 相反，应该让他们感受到"大棒"的威胁，这样才能促使他们成长。即便是自觉性强的员工也有满足、停滞、消沉的时候，也有依赖性。 偶尔利用你的权威对他们进行威胁，会及时制止他们怀有消极散漫的心态，帮助他们认清自我，激发他们发挥出自身的潜力，重新激发新的工作斗志。

曾经有一个小男孩问迪士尼创办人华特："你画米老鼠吗？"听到这个问题，华特明确地回答："不，不是我。""那么你负责想所有的笑话和点子吗？"小男孩追问。 "没有。 这也不是我的工作。"华特接着回答。 小男孩百思不得其解，又问："迪士尼先生，你到底都做些什么啊？"华特笑了笑回答："我就是一个充气筒，给每个人打打气，我猜，这就是我的工作。"

华特揭示了企业管理者的真正角色：教练、老师，也可能是班长。 企业管理者要能激励员工士气，传授员工经验，解决员工的问题，能令员工折服，必要时还得自己跳下来打仗。 要让有能力有意愿的人，死心塌地跟着主管打拼，并且激励有能力没意愿的成员，提升"有意愿没能力"的成员，这是团队领导者面对的最大挑战。 建立一个成功的团队是团队领导者的核心职能。

人们都知道，身教大于言传，示范和榜样的力量是无穷的。 但是让很多管理者感到困惑的是，自己也在处处传帮带，部下的效率却越来越差。 需要管理者反省的是，因为你的榜样已经演变成了事必躬亲，并且处处按照自己的操作过程来要求你的每一个下属，时间长了，什么事情你都干了，下属自然轻松地等着你来干。 身教并不是自己一直要带着干下去，是阶段性的和创新性的。 只有在有新工作时才需要加以示范、引导。在多数工作时间里，需要下属自主完成。 通过亲身实践，他们才能成长。 在提升员工能力的过程中，企业管理者的主要工作就是推动他们，让他们跑起来。 只有他们跑起来，企业的发展速度才能快起来。

当众责罚可以有效树威信

面对一个犯错误的下属，是在众人面前责备他，还是在私下斥责他呢？ 既然都是斥责，在公开的情况下进行比较妥当，这也是树威的一种手段。

若有一件事可以很明显地看出是王某的过错，而领导只是对王某说"要小心一点"便原谅了他，那么下回当林某也犯错时，就无法斥责他了。 渐渐地，下属越来越难管，最后领导会落得谁也不敢骂的下场，无法继续领导下属。 所以，在需要斥责时，就必须大声地斥责才行。

在众人面前斥责部属，其他的下属会引以为戒。 此即所谓的"杀一儆百"，其意并非真的处罚一百人，而是借处置一人来使他人反省。

上司借由斥责属下的行为，亦能转换为本身的警惕。 领导在要求属下"不准迟到"时，自己也绝不可迟到。 斥责酗酒的部属时，自己也绝不可有酗酒的情形发生。 斥责下属，受益最多的人是自己。 因此，领导者更不应该错失良机，必须谨慎地选择斥责的机会，并且好好珍惜被斥责的下属。

有权威才会有服从

　　某公司的部门经理借用公司的车去参加一次会议。 他在开会的时候，停在外面的车因阻碍交通遭警察扣留，这位经理吓呆了，因为他知道车第二天还要用，这时只有行政部领导有权签发取回车子所需的罚款。

　　行政部领导原本只要立即签一张小小的现金收据就行了，但他想借此机会显示他的权威，让秘书假称他正在开一个重要会议，不便受到打扰。 那位部门经理别无选择，只得等待。所谓的"会议"结束了，行政部领导并没有马上办理，而是质问了部门经理半天才同意签字。

　　这次权威的使用使部门经理的态度发生了变化，不再像从前那么盛气凌人了。

　　这则故事的寓意是：当他们需要你的时候，他们已别无选择。 任何你有权说"是"或"不是"的机会都是你展示权威的时机，这时，你不妨摆摆架子，借此树立起自己的权威。

　　提起上司、领导，多数人的感觉是"架子大""官气十足"。 而且人们总是习惯用"架子大"来形容某些上司脱离群众、目中无人。 但是，"架子"绝不仅仅是一个消极、负面的东西，还有着它积极而微妙的意义，是许多上司管理下属的一种十分有效的方法。

　　"架子"其实可以理解为一种"距离感"。 许多上司正是通过有意识地保持与下属的距离，使下属认识到权力等级的存在，感受到上司的支配力和权威。 而这种权威对于上司巩固自己的地位，推行自己的政策和主张是绝对必需的。 如果上司过分随和，不注意树立对下属的权威，下属很可能就会因为轻慢老板的权威而怠惰、拖延甚至是故意进行破坏。 所以，上司通过"架子"来显示自己的权力，进而有效地行使权力是无可非议的，对于上司很好地履行自己的职责也是十分必要的。

领导通过"端架子"，可以使自己显得比较神秘。 因为领导处于各种利益、各种矛盾的焦点上，若想实现自己的目的，就必须懂得掩藏自己，使自己的心机不被窥破。 如果下属很容易就揣摩到上司的心理，他就很可能以此来达到自己的某种目的，从而危及或破坏上司的意图。 而不暴露自己的真实想法的最好办法，莫过于与下属保持一定的距离。

让许多上司最头痛的便是事无巨细都要亲自处理，他们更希望的是自己抽出时间和精力来处理大事。 而随和的言行会使下属产生一种错觉：这个上司好说话，是不是让他解决一下我的问题……这样，势必会使许多下属抱着侥幸的心理来请求上司亲自批示，而一旦不能满足又会心生怨恨。 因此，用这种"轻易不可接近"的"架子"可以逃避细小琐事的烦扰，把更多的精力用于谋划大事上。

真诚地对待每一位下属

如何将企业治理好，一直是需要领导者思考的问题。有的研究有素，也就治理有方；有的研究无得，也就治理失败。要治理好企业，必须网罗人才，以诚心对待人才。古代燕昭王黄金台招贤，便是著名的例子。

据《战国策·燕策》记载，燕国国君燕昭王（公元前311年—前279年）一心想招揽人才，而很多的人认为燕昭王仅仅是叶公好龙，并不是真的求贤若渴。于是，燕昭王始终寻觅不到治国安邦的英才，整天闷闷不乐的。

后来有个智者郭隗给燕昭王讲述了一个故事，大意是：有一国君愿意出千两黄金去购买千里马。然而时间过去了三年，始终没有买到。又过去了三个月，好不容易发现了一匹千里马。当国君派手下带着大量黄金去购买千里马时，马已经死了。可被派出去买马的人却用五百两黄金买来一匹死了的千里马。国君生气地说："我要的是活马，你怎么花这么多钱弄一匹死马来呢？"

国君的手下说："您舍得花五百两黄金买死马，更何况活马呢？我们这一举动必然会为您引来千里马。"果然，没过几天，就有人送来了三匹千里马。

郭隗又说："您要招揽人才，首先要从招纳我开始，像我这种才疏学浅的人都能被国君任用，那些比我本事更强的人，必然会千里迢迢赶来。"

燕昭王采纳了郭隗的建议，拜郭隗为师，为他建造了宫殿。后来没多久就引发了"士争凑燕"的局面。投奔而来的有魏国的军事家乐毅、齐国的阴阳家邹衍，还有赵国的游说家剧辛等等，落后的燕国一下子便人才济济了。从此以后，燕国由一个内乱外祸、满目疮痍的弱国，逐渐成为了一个富裕兴旺的强国。

管理之道，唯在用人，人才是事业的根本。杰出的领导者应善于识别和运用人才。只有做到唯贤是举，唯才是用，用人以诚才能在激烈的社会竞争中战无不胜。

领导者在用人过程中要讲究谋略，但是讲究谋略并不等于玩弄权术。对人才玩弄权术是对人才的最大伤害和不尊重，是对人才的浪费，长期这样迟早会使领导者人心背离，给组织发展带来损害。对人才玩弄权术主要表现在以下八个方面：

(1)明升暗降，利用手中权力巧妙地夺取实权。

(2)以邻为壑，向下级转嫁困难和灾祸。

(3)声东击西，假意威胁甲的职位，实则夺取乙的职位。

(4)浑水摸鱼，局势混乱趁机扩充自己的势力。

(5)收买人心，用不正当手段骗取大家的信任。

(6)以怨报德，借用优秀人才的力量发迹，然后再整倒人才。

(7)以利诱人，用不正当手段拉拢下属，让他为自己效劳。

(8)为所欲为，不择手段地达到自我欲望的满足。

领导者对下属使用以上这些权术会极大地伤害人才的自尊心和自信心。同时，其他下属也会因此而鄙视或者害怕你，在以后的工作中处处防范你。 一旦下属对你的人品产生怀疑，领导者的威信也会大大降低。

领导者用人，要有一个正确的出发点，那就是要出于公心。 要以有利于领导班子发展和班子成员积极性的调动为出发点，不讲私情，不搞妥协，不回避矛盾。 真正将愿为整个单位做贡献而又有真才实学者提拔任用到各级领导岗位上，以推动整个单位领导目标的高效实现。

领导者用人，不可能使各个方面和每个人都满意，只要是出于公心，出于事业发展所需，最终会赢得尊重，赢得人心。 避免任人唯亲，任人唯亲会严重危害企业的发展，阻止优秀人才的加盟，不利于企业员工素质的提高，导致企业内部争权夺利，缺乏凝聚力。 还要避免论资排辈，虽然资历在一定程度上反映了人们的实践经验，但我们不能把它绝对化，既不能把资历与能力画等号，也不能把资历与水平画等号。 人的才能高低与工龄长短、资历深浅有着一定的联系，但资历并不完全与实际才能成正比。

用人不疑，疑人不用。 对于领导者来说，要完全掌握和控制下属是很难的一件事情，这除了要对下属有充分的了解外，还必须有缜密的判断。

东汉初年，刘秀手下战将冯异不仅英勇善战，而且忠心耿耿，品德高尚。冯异治军有方，为人谦逊，每当将军们凯旋，各自夸耀自己的功劳时，他总是一个人躲在大树下休息，不和其他人争功。后来，冯异长期转战河北、关中，在他所走过的地方，百姓们都十分爱戴他，他的军队不但不抢劫百姓财物，而且还处处为百姓着想，帮助百姓解决困难。因而，在冯异所管辖的地方，人们安居乐业，边防也得到巩固。有冯异守护汉朝西北地区，刘秀十分放心。这自然引起了同僚们的嫉妒，他们不愿意看到冯异这样威风，这样深得皇帝信任。这时，一个名叫宋嵩的使臣，先后四次上书给刘秀，诋毁冯异，说冯异控制关中，擅自杀官吏，不把皇帝放在眼里，百姓都称他为"咸阳王"。如此下去，冯异迟早会擎旗反抗，成为朝廷的心腹大患。

刘秀看到宋嵩的奏折，并不以为意。可是这个宋嵩还不死心，一个劲地上书给刘秀，一心想要把冯异置于死地。刘秀本以为不理睬他，他就不再上书了，不想他却不肯罢手，刘秀于是严厉地责备了宋嵩，并警告他以后不准再送这样的奏折。

冯异对自己久居在外，手握重兵，远离朝廷，心中也很是不安，担心刘秀猜忌。于是一再上书，请示要回洛阳。为了解除冯异的顾虑，刘秀便把宋嵩告发的奏折送给了冯异。说实话，刘秀的确对冯异不太放心，毕竟他掌握着朝廷的大部分兵权，控制着朝廷的西北边疆。这一招果然高明，既可以表明对冯异的深信不疑，又暗示了朝廷早有戒备，恩威并用，使冯异连忙上书表示自己的忠心。

刘秀回书说："将军您和我，从公义上说是君和臣的关系，从私下里说我们的关系就如同父子，您多次在我危难的时候帮助我，救助我。我怎么会对您心存猜忌呢？您尽管放心地治理西北，不必担心啊！"

冯异收到刘秀的回书，心中感激不尽，从此对刘秀更加忠心，不敢有丝毫的怠慢。

要做到疑人不用、用人不疑不是一件容易的事情。有才能的人都不是等闲之辈，能力与野心同在，也很容易受到上司的怀疑。作为上司，应该具有容人之量，既然把任务交给了下属，就要充分地信任他，放胆让他尽情施展自己的才能。只有如此，才能人尽其才。

在一些单位中，总是有那么一些心术不正的人，为达到卑鄙的目的，采用不正当手段，散布流言蜚语，干扰领导者的用人决心和意图，使领导者难辨真伪。这样造成的恶劣后果是：

(1)压抑优秀人才，良莠不分。给予兢兢业业、埋头苦干、忠厚老实、不愿逾矩的人以伤害；给予有魄力、有能力，敢于冲破阻力，开拓进取的人以伤害。

(2)使组织氛围恶化，抑正纵邪、是非不分，好人受气受屈，心术不正之辈弹冠相庆，使组织舆论导向、价值导向偏离正常组织目标。

(3)损害决策者威信。由于信纵谗言，导致人际圈子越来越小。知人善任，要做到人尽其才。

法则五

领导要运用好权力

管理者要放权任人

美国管理学家史蒂文·希朗说，一个成功的老板应该懂得"一个人权力的应用在于让其他人拥有权力"。可见，管理者学会放权任人也有极重要的意义，如果管理者事必躬亲，权无大小全都由自己一人掌握，即使有三头六臂也应付不过来。

我国古代的许多管理者就懂得放权任人。唐玄宗李隆基就是其中一位。他在即位初期，任用姚崇、宋璟等名将名相，就很讲究用人之道。有一次，姚崇就一些低级官员的任免问题向唐玄宗请示，连问了三次，唐玄宗都不予理睬。姚崇以为自己办错了事情，慌忙退了出去。正巧高力士在旁边，劝李隆基道："陛下继位不久，天下事情都由陛下决定。大臣奏事，妥与不妥都应表明态度，怎么连理都不理呢？"唐玄宗说："我任崇为政，大事吾当与决，重用郎使，崇顾不能而重烦我邪？"表面上看，玄宗是在批评姚崇拿小事麻烦他，实际上是放权姚崇，让他敢于做事。后来姚崇听了高力士的传达，就放手办理事情了。史载，姚崇"由是进贤退不肖而天下治"。正是因为唐玄宗敢于放权用人，使各级官吏都能充分发挥自己的才能，历史上才出现了著名的"开元盛世"。

现代经济发展更要求企业管理者放权任人。

　　劳勃·盖尔文 1964 年继承父业，担任蒙多罗娜公司的董事长。他掌管公司以后，将权力与责任分散，以维持员工的进取心，蒙多罗娜公司从而竞争力大增，业务突飞猛进。盖尔文说："公司愈大，员工愈渴望分享到公司的权力，在大一点的公司，每一个人显然都希望能感觉到自己就是老板，因此，我们现在要做的，正是要把整个公司分成很多独立作战的团队，因为只有这样，才能够使大部分人都分享到盖尔文家族拥有的权力和责任。"事实证明，盖尔文的放权策略是成功的。

放权任人，不仅能够减轻管理者自己的工作压力，更重要的是，能够增强员工的责任感和积极性，极大地促进企业的发展。因此，管理者在任用人员时要敢于放权，而不要搞权力专制。当然，在放权过程中要把握好"度"，要知道"过犹不及"，"物极必反"。权力的集中与分散是相辅相成、相互制约的，绝对的集中和绝对的分散都会走向失败。总之，管理者在放权时，能放也要能收，要做到收放自如。

既然任人不可以随意而为，就得讲究谋略和艺术。比如说，领导要任用一个性格刚直异常的人才，这个人特别难以驯服，领导该怎么办呢？一些领导可能意气用事，认为该人"敢在太岁头上动土"，将其扫地出门。这样做恰好是领导的失败，因为自己失去了一个人才。另一些领导可能心想："你硬，我比你更硬，看到底谁硬吧？"于是对该人动不动就大发雷霆，严加指责，结果弄得关系恶化，无法共处。 这两种途径都无法达到预期的目的。 管理者为何不想一想、试一试"以柔克刚"的方法，对其晓之以理，待之以礼，动之以情，这样纵是铁石心肠，也能被感化，更何况人非草木呢？ "以柔克刚"就是任人艺术之一。 成功的管理者在任人时都非常讲究这种领导艺术。

学会授权，以权统人

管理者自然拥有权力，然而要做好管理，领导就不能把大权都统在自己一个人手中，而应将权力分一些给下属，以权统人。从另一方面来说，一个人的能力总是有限的，即使领导日理万机，要把所有的事都照顾过来，都办好，那也是不可能的。

领导要想让自己的领导才能得到发挥，要想维护权力系统的有机运转，就必须在抓住主要权力的同时，合理地向下属授权，这对搞好工作，提高领导工作的效率，有着极为重要的意义。

一方面，授权是实现总体领导目标的需要。任何领导目标都是若干较低层次目标的总称。所以，要搞好领导，实现目标，最好的方法是把较大的领导目标分成若干较小的目标，再由专人负责不同的目标，这样可以减少精力分散，可以让多级领导齐心合力为实现总体目标而努力。

另一方面，授权可以发挥下属在领导工作中的积极性、主动性和创造性，可以使管理者的智慧和能力得以延伸和放大。让组织中的局面由领导一个人忙得不可开交，而部下不知该做什么，一个个无所事事，变成整个组织的员工都忙起来，而且忙得有意义。

同时，授权有助于使下属在实际工作中得到锻炼，提高其工作能力，有助于其全面发展。如果所有的下属都得到了这样的锻炼和提高，那整个组织中员工的整体素质水平就可以相应地水涨船高。

最后，授权可以使领导人从一般的事务性的工作中解脱出来，集中精力抓一些大事。领导的职责应当是考虑组织的发展大计，制定整体性的、宏观的目标和计划，而不应当纠缠在一些小事上。

授权是一个重要的领导方法，也是一门精巧的领导艺术。所以，领导不仅要充分意识其重要性，还要在实践中认真地摸索，在运用中学会授权。

主要领导应当是帅才，总揽全局，通盘考虑关乎全局的大事，应当管好"面"上的大事，而其他领导则是将才，应当各司其职，管好"线"上的工作，而员工则是士兵，应当做好自己的本职工作，做好"点"上的事情。

因此，组织的最高领导应当学会"大权独揽，小权分散，以权统人，调动部属"。

一般来说，最高领导只把握好三种权力，不能让其他人越俎代庖。

（1）领导应保留对组织中关系到工作前途和工作成果的事务的最后决定权，在下属意见出现分歧时能够权衡利弊进行拍板。

（2）领导应掌握对直接下属和关键部门的人事任免权，这样才能保证领导机构的正常运转和自己决策的贯彻执行。

（3）领导应保留对直接下属之间相互关系的协调权，让大家精诚合作，共同把组织建设得更好。

选择合适的授权人选

虽然管理者的权力有限，但成功的管理者无一不是擅长分解权力（即授权）者。通过合理有效的授权，管理者可以使自己重于把握大局，轻于具体事务，能够有更多的时间和精力去抓大事、控全局。但是授权并不是一件随随便便的事情，并不是每个下属都是授予权力的最恰当的人选，也不是每个下属都能够达到你所要求的目标。因此，能否选到合适的人选就成为授权工作中最重要的前提条件。人员选择不合适，还不如不授权，因为这会适得其反。诸葛亮用马谡守街亭，就是犯了这个授权错误。

马谡才气过人，有很强的军事理论知识，其实是个不可多得的参谋人才。建兴三年（公元 225 年），诸葛亮征南中，马谡为其献计："夫用兵之道，攻心为上，攻城为下，心战为上，兵战为下，愿公服其心而已。"诸葛亮采纳马谡的计策，七擒孟获，平定南方，使南方多年不敢复反。马谡还曾献计离间魏帝与司马懿，为蜀汉暂时除却一心腹大患。但马谡虽然跟随诸葛亮多年，却一直仅是"高参"，从未担任过主将。他精于战略，拙于战术，刘备向诸葛亮指出过这点，说马谡"不可大用"。

然而，由于诸葛亮与马谡有着深厚的个人交情，对刘备之言没有放在心上。建兴六年（公元228年）诸葛亮出军祁山，时有宿将魏延、吴懿，诸葛亮力排众议，令马谡为先锋。马谡最后被魏将张郃大败，士卒离散。

诸葛亮如果能接受大家的意见，授权魏延等为先锋，也不至于会有街亭的惨败。街亭之败，不仅使蜀汉遭到重创，断送了首次北伐，也断送了一位良好的参谋人才。这就是一次典型的因为用人不当而导致授权失败的案例。

人有千差万别，具有不同的优缺点、不同的技能、不同的特长、不同的抱负和需要。作为一个管理者，你的职责就是设法将这些不同的特性，融入到自己的授权活动中，使工作顺利开展。授权是一个表达需要的良好方式，无论是管理者的需要、员工的需要，还是单位的需要，都要求管理者认真地选择被授权的对象。也只有挑选到最合适的人选，你才能使授权发挥出最大的效用。

那么，管理者在授权时，该把权力交给什么样的下属才放心呢？下面几种下属就是可以放心授权的。

1. 忠实执行上司命令的人

一般来说，领导下达命令，无论如何都希望下属能全力以赴地忠实执行，这也是下属必须遵守的一条纪律。当下属对上司的命令有意见时可以当面陈述，但陈述后领导仍坚持己见，或者下属本身对命令没有意见时，就必须不折不扣地去完成。

2. 知道自己权限的人

下属必须清楚地知道自己的权限范围，既无须事事向上级请示报告，又不能超越自己的权限范围。 这种界限绝对不能混淆，这既是原则性问题，又是下属的能力水平问题。

3. 勇于承担责任的人

"成功者找方法，失败者找借口"，如果一个下属在完不成上级交办的任务或者发生错误时总是列出一大堆理由将责任推得一干二净，这样的人实在不能委以重任。

4. 上司不在时能负起留守之责的人

当上司不在时下属能主动做好各项工作，处理相关事宜，并能提出详细处理报告，这样的下属应当委以重任。

5. 能随时回答上司提问的人

当上司提出下属工作范围内某些问题及数据时，下属必须能清楚无误地回答出来，这样的人能授权。

6. 能消除上司误解的人

能否及时消除上司的误解，这既可体现下属是否有勇气，又可体现下属的沟通能力。 能与上司进行良好沟通并消除误解的下属也值得管理者授权。

信任才是有效的授权之道

信任是授权的精髓和支柱，只有充分信任，才能有效授权。正如管理专家柯维所说："授权并信任才是有效的授权之道。"这也是授权中的"方"，管理者必须牢记于心。

第二次世界大战结束后，有人曾问艾森豪威尔，成功的领导公式是什么。他给出的答案是："授权＋赢得追随＋实现目标。"艾森豪威尔认为，领导人必须得到部下毫无保留的支持，但这种支持不是靠威逼斥责得来的，而是靠信任部属，把权力授予他们而得来的。

的确，没有信任，何谈授权？遗憾的是，一些管理者虽然表面上做到了授权，但实际上仍事事监控，或者在关键的地方不肯放手，这都是不信任员工的表现，如此的授权又有何意义呢？

管理者应该意识到，不信任的授权，只会让员工感到不自信，甚至会感到自己被轻视了，从而会产生厌烦、愤怒等不良情绪，这会大大降低工作效率。反之，如果管理者在授权后对员工充分信任，员工会因为得到信任而自信无比，工作积极性自然骤增。

充满信任的授权是对人才的最有力支持，职业经理人唐骏在微软期间，就因得到了充分的授权、极大的信任，才使微软（中国）的业绩节节攀升。

唐骏在微软（中国）期间，无论对外对内，都是有史以来得到权力最多、最受信任的总裁。这种信任首先体现在他拥有了人事权，这是过去几任中国总裁都不曾具有的权力。此外，微软（中国）过去的总裁主要是负责销售，很少管理技术和研发，而唐骏在任期间则是中国的全权代言人，他不但主管销售，还兼任了技术中心的总经理一职，把过去独立的架构进行了集中。

在唐骏上任的第一个月，微软的销售额就上升了15%。现在，微软公司与中国政府的关系及公众形象较过去也有了极大的改善，业内普遍认为，这与唐骏的努力是分不开的。

的确，唐骏的才能是有目共睹的，但如果没有微软的授权和信任，唐骏的才能也无施展之地。

可见，管理者必须将信任贯穿到授权的始终，这样，员工在接受一项完整的工作后才会尽心尽力，善尽自己的职责；才会在工作过程中真正地有所发展与改进，接受新的思想、方法和制度，把工作做好。

日本"经营之神"松下幸之助也说过："用他，就要信任他；不信任他，就不要用他。"

1926年，松下幸之助决定在金泽开设一个办事处，并将这项任务交给了一个年仅19岁的年轻人。

松下幸之助在授权时对那个年轻人说："公司决定在金泽设立一个办事处，我希望你去主持。资金已经准备好了，现在你就去负责这项工作。"

年轻人听了松下幸之助这番话，惊讶地说："这么重要的职务，我恐怕不能胜任。我进入公司还不到两年，是个新进的小职员，也没有什么经验……"

　　松下幸之助还是用信任且有几分命令的口吻说："你一定能够做到。放心，你可以做到的。"

　　带着松下幸之助的信任，这个年轻人去了金泽，一到那里，他就立即展开了工作，并且每天都把工作进展一一写信告诉松下幸之助。没多久，筹备工作就绪了。第二年，松下幸之助有事途经金泽，年轻人率领全体员工请董事长去检查工作。这一次，松下幸之助拍着年轻人的肩膀说："我相信你，你只当面向我汇报就可以了。"

　　年轻人不负松下幸之助所望，后来办事处的业绩越来越好，年轻人圆满完成了任务。

　　松下幸之助回忆这件事时总结说："我一开始就以这种方式建立办事处，竟然没有一次失败，可见对人信赖才能激励人。我的阵前指挥，不是真正站在最前线的阵前指挥，而是坐在社长室做阵前指挥。各战线要靠他们个人的力量去作战，因此反而激发起员工的士气，培养出许多尽职的优秀员工。"

　　从松下幸之助的授权事例我们可以看出，授权有很多方式，而最重要的就是信任。反之，如果管理者不信任下属，动辄就对下属指手画脚，就会使下属觉得自己只不过是奉命行事的机器而已，事情的成败与自己无关，如此，对于交代的任务也就不会全力以赴了。

对人才的信任和使用还包括当下属在工作中出了问题、走了弯路时，管理者要勇于承担责任，帮助下属总结经验，鼓励下属继续前进。特别是在改革的过程中，当下属遇到阻力和困难、受到后进势力的压制时，管理者要挺身而出，给予坚决的支持和有力的帮助，从而把改革进行到底。

一手缔造了宏基集团的施振荣谈起管理心得，认为最重要的一点就是信任员工，充分授权。对于公司员工，施振荣的原则是给予信任、充分授权，即使员工的工作风格与自己的工作方式不同，也绝不插手。他说："要忍受员工的过错，把它看作成长必须付出的代价。只要他犯的是无心之过，只要最终他赚的钱多于学费，你就没有理由吝于为他交学费，你一插手，他就失去机会和舞台，怎么成长呢？"

在这一氛围中，宏基涌现出不少独当一面的人才，形成了强大的接班人队伍。

《贞观政要》中齐桓公有志于称霸天下，向管仲请教如何防止有害于霸业的行为。管仲回答："不能知人，害霸也；知而不能任，害霸也；任而不能信，害霸也；既信又使小人参之，害霸也。"

如果管理者都能像大政治家管仲那样重视信任的作用，怎会带不出一个无坚不摧的团队呢？

权力不宜过分集中

管理者在授权时会发现，有些下属被授权后，会变得居功自傲，独断专行，有的甚至拉帮结派，妄图架空授权者。这时，授权者的威信就会受到打击，严重的还会引发管理局面失控。面对这种情况，高明的管理者会果断运用分权机制，打破权力的过分集中，破除官僚主义，由此来化解危机，这也是授权中的"圆"，即授权时必须掌握好方法和尺度。

通用汽车公司在总裁杜兰特管理期间，由于管理不善，使公司汽车销售量大幅度下降，公司危机重重。杜兰特引咎辞职后，由阿尔弗雷德·斯隆全权处理通用事务。

斯隆早就意识到，公司过去将领导权完全集中在少数高层领导者身上，他们事无巨细，大包大揽，是造成公司各部门失去控制的主要原因。也就是说，公司的权力过于集中导致公司危机四伏。为此，斯隆以组织管理和分散经营两者之间的协调为基础，提出了事业部制的概念。

接下来，斯隆计划把公司按产品划分为 21 个事业部，分属 4 个副总经理领导，实行独立核算，自负盈亏，公司总部则制定人事、财务、效率等方面的考核标准，掌握人事、财务、研究与开发、计划、资源配置、企业文化等战略管理的决策权。

斯隆的举措赢得了公司董事会的一致赞同，于是他把计划付诸实施。

根据斯隆"分散经营，协调管理"这一原则，在经济繁荣发展时，公司和事业部的分散经营要多一些；在市场萧条时期，公司的集中管理则多一些。

斯隆还把通用分成了几个部门，各个部门之间可相互竞争。这样做既分散了权力，又使产品档次多样化。通用汽车基本上有 5 种不同的档次，这些不同档次的汽车由不同的部门生产，每个生产部门又有各自的主管人员，每个部门既有合作又有竞争。有些产品的零件几个部门是可以共同生产的，但各个部门的档次、牌号不同，在式样和价格上各部门之间也要相互竞争。各部门的管理者论功行赏，失败者要引咎辞职。

这种充满竞争的分权制管理，使通用汽车公司充满了生机与活力。

当得到授权的下属独断专行，不顾全公司大局，甚至"自立为王"，凌驾于授权者之上时，授权者可收回权力，或者把权力分解，由多个人掌控，使彼此受到牵制，又充满竞争。这就消除了权力过分集中，官僚主义和霸权主义盛行的现象。

权力过分集中，对企业的发展具有潜在的危险。因为这会导致管理者独断专行，决策失误。如果是关系企业长远发展的重大决策，一旦失误，就会让企业遭受毁灭性的打击。所以，分散权力，变一个人决策为多个人决策，集思广益，就能避免决策失误，避免给企业造成重大损失。

分散权力也是授权中的"圆"，管理者在分权过程中，必须权衡利弊，多方兼顾，才能起到分权的效果。否则，权力分出去了，却未必能起到相互监督、相互牵制的效果。

给下属一定的发挥空间

权力就像一根带刺的棒，你抓得越紧，它越刺手。

有一家杂志社的老板，雇请了一个刚出校门的女大学生当助理编辑。这个女学生颇有创意才华，一上班就对杂志的版面设计进行了各种创新尝试。

岂料，老板见后大皱眉头，认为太花哨，并对她说，他这里不需要创意这些玩意儿，只要依照一贯的杂志风格设计版面就行。女大学生听后，从此也就不再做出任何创新的改进，只做个盲目服从命令和要求的下属。而该杂志社也在不久之后，因为缺乏新意而被淘汰。

美国有一个名叫汉斯的人，凭借着不断努力，把一家小小的店铺发展成了几家大型的百货商店。

但公司的规模扩大后，汉斯依然采用管理小店铺的老办法进行管理，事无巨细，都要过问，哪个管理者做什么、该怎么做，哪个员工做什么、该怎么做，他都规定得非常细致并且严格。

结果，有一次，汉斯因业务外出，还不到一周，反映公司大小问题的信件、电话和电报就源源不断，而且都是些无关企业大局的小事，听候他的处理，迫使他不得不赶紧打道回府。

真正的企业家举重若轻，抓大权而放小权，汉斯是个不懂得如何运用权力的人，所以尽管他累得四脚朝天，也管理不好他的百货公司。

　　有家公司的经理张先生，被派到国外出差一段时间。

　　临走前，他把公司的大小事务安排得清清楚楚，并告诉下属们，万一有什么问题，要立即打电话向他报告。

　　他本身就是一个做事仔细、什么事都亲自下命令的人，虽然他有不少处理日常事务的下属，但他从不把有责任性的决策权交给他们，因为他不相信他们的能力。

　　然而，由于不可预料的原因，张先生不得不在国外耽搁更长的一段时间。他想，自己不在，公司这下可能一团糟了，不知道下属能否把公司的事情处理好。

　　但是，他忧心忡忡地回国后，却发现公司的运转并没有因为他不在而受到什么影响，一切依旧井然有序。

　　令他意外的是下属们也各自负担起自己的责任来，碰到了困难或一个人不能决定的事，大家就互相商量，最后再作决定。

　　这时，张经理恍然醒悟："我以前总认为只要我不在公司，业务就一定会停摆，现在我才知道那是我太自信了。虽然我一个多月不在公司，但是他们做得比我在的时候还要好，这让我惊讶。更重要的是，这次出差让我知道了，公司日后的工作不能只靠一个人，而要靠大家的通力合作。"

由此可见，如果企业的领导人包办一切，什么事都管，而不给下属一定的自由和权力，那么，不仅自己要累死，也极容易培养出一批不愿动脑、没有开创精神的职工。

有些领导人虽然给了下属一定程度的发挥空间，但有时候却对他们不放心，因而进行越权指挥。长此以往，下属就会感到有职无权、无所适从，辞职走人也就成了意料之中的事了。

别让授权对象架空了自己

对于管理者而言，所谓权力的失控有两重含义：一是权力授出以后，管理者对下属没有约束力和控制权了；二是下属在拥有权力以后，不把管理者放在眼里，不听命于领导，甚至出现了侵犯领导职权的现象，即越权。管理者权力失控，被授权对象架空主要现象为：

（1）下属先斩后奏。把本不该自己决定的事决定了，然后汇报，迫使管理者就范，认为反正木已成舟。

（2）下属斩也不奏。封锁消息，自己说了算。

（3）下属片面反映情况。设好圈套，让领导钻，出了问题，责任由领导承担。这是一种巧妙的越权术，当然也是一种心术不正的越权术。

（4）下属向领导的上级禀报请示，或向多个领导请示，即多头请示。利用其他领导了解下层情况及获取信息的迟滞性，取得间接领导的支持，以"尚方宝剑"迫使直接领导就范。

越权既损害了直接领导的威信，又容易使工作脱离既定轨道，产生失误。如果不对越权现象加以控制，组织内部就会出现混乱的局面。成功的管理者是如何防止授权的失控、失衡的呢？

（1）成功的管理者对下属的授权一般都能做到掌控有度。把握控制权，首先，要选准下属，选人得当才能委托权力。其次，要把握调整权，当发现下属素质差、经常越权，或发现下属已背离工作目标、原则，给工作带来影响时，虽不能做到立即免职，也要做到立即指出，严肃批评，并削弱其权力，调整其授权范围，做到既能放权又能收权。 第三，要严格控制权限范围，除特殊情况外，一般不准越权，不准"先斩后奏"，更不允许有"斩也不奏"的行为。

（2）成功的管理者十分注重把握监督环节。 防止权力失控的关键在于监督。 监督可防止被下属牵着鼻子走。 权力授出后，管理者的具体事务减少了，但指导、检查、督促的使命却相对增加了。 管理者要密切关注下属的工作动向、状况及信息，及时发现问题、解决问题，克服情况不明等官僚主义倾向，但不能到处指手画脚。 下属也有义务和责任向管理者汇报工作情况，不能把管理者的监督、管理视为干预。 因为"多一个人的智慧就多一分力量"，何况领导把握全局，有经验，而这些经验对下属的指导作用往往是举足轻重的。

（3）成功的管理者授权兼顾平衡。 就是说，在自己领导的组织系统内，对多个下属授权，权力要分布合理。 如果对某个下属授权较多，则必须考虑他的威望及能力，是否能为其他下属所接受。 无根据地偏重授权，以个人感情搞亲疏授权，是不可取的。

正确用权的六个要求

管理者在明白了自己的权力后，还要明白正确用权的基本要求。 管理者要做到正确用权，必须做到以下几个方面：

1. 要做到用权的合理性

用权要考虑三大要素：地位要相称、时间要适宜、资源要雄厚。

首先是地位要素。 中国有句古话叫"不在其位不谋其政"，就是说地位要与其担负的责任、拥有的权力相符。 不可位高权小，也不可位卑权重。 企业管理者在组织机构和工作沟通网络中的地位，不仅表明自己的正式职权，而且也说明了哪些问题应该由自己来处理。 企业管理者的职位在整个组织结构中，要求处在闭路节点上，而不能出现断头。 要做到权力运用无阻，信息沟通顺畅，即：一方面能及时得到上级的指令，另一方面又能及时地向下传达指令。 信息的沟通传递不仅要保持纵向畅通，而且要保持横向畅通。

其次是时间要素。 也就是要把握住用权的时机，在问题一出现时就对症下药。 用权过早，大家不认同，难以接受；用权过晚，耽误事情，造成损失，所以必须相机而为。

最后是资源要素。 管理者手中掌握着企业的人、财、物、信息等，并有很大的处理这些资源的权力。 对于这些资源一定要珍惜，做到合理运用，才能取得最佳效果，也才能维护权力的威力。

2. 要尽可能地得到员工的积极配合

权力的实际效用大小与员工有很大关系，员工对权力的接受状况在很大程度上决定着管理者权力的运用。

管理者要使其权力被接受要满足两个条件：一是决定于与行使权力密切相关的管理幅度、管理层次，以及各层次的职责、利益设计得是否合理；二是争取职工的配合。职工的配合行为一方面是由职工本身的素质决定的，另一方面是由管理者的用权诱因决定的。管理者用权的出发点和落脚点都要建立一个"期望的行为模式"，要明确让职工知道一种价值取向，即企业提倡什么，反对什么，孰对孰错。

3. 要明确管理目标

管理目标可分为具体目标和总的目标。明确管理目标，就是知道要干什么，干到什么程度，而后才可能去想怎么干。这好比写文章，只有明确要表达什么，才能考虑用什么方式表达。有的领导面临一大堆问题，却不知从哪里下手；有的领导整天忙忙碌碌，却不见有多大效果。究其原因，都是因为对企业的大目标认识模糊，不知道与大目标实现有关的主要因素，因此也就搞不清解决哪些问题是实现大目标的具体目标。

4. 要灵活用权

从某种意义上说，权力有很大的弹性，由于主客观等原因，管理者行使权力的有效范围与组织规定的权限往往有很大差距，这种差距反映了管理者运用权力的综合能力与职位的相适应程度。

5. 要注意情绪感染

一个满面愁容、焦躁不安的领导，给下属的印象必定是无明确目标，缺乏信心；相反，一个精力充沛、乐观幽默的领导，则给人以坚定、自信、值得信赖的感觉。领导的情绪，往往对整个目标的实现过程起着极其重要的作用。

使用权力时，不能认为自己是管理者，别人就一定要服从，而要注意用权的艺术和技巧。

6. 要"脑腿结合"

有些领导，尤其是规模较大企业的领导，要用智不用力，搜集信息，及早发现问题，做到运筹帷幄，决胜于千里之外。但是，为了获取广而真的信息，沟通与职工的感情，及时了解和掌握企业的情况和问题，要经常深入实地调查研究，掌握第一手资料，尽可能多地到车间、科室，甚至职工家中走走。

决定集权与分权的七个因素

企业的管理者处于企业的中心地位，在权力的运用上，应做到大权独揽，小权分散。任何领导，对于那些全局性的、重要的、关键的、意外的问题必须亲自处理；对于那些局部的、次要的、一般的、正常的工作，则尽可能地让部下去处理，以集中自己的精力，有效地激励下属。如果领导做工作不讲科学，只是一味蛮干，忙忙碌碌，到头来很可能"捡了芝麻，丢了西瓜"。

然而，这"度"到底如何把握？也就是说，到底该集权到什么程度，该集什么权？该分权到什么程度，该分哪些权？这个具体的"度"没有绝对的标准，而要根据具体情况灵活掌握。

在企业处理集权和分权的关系时，影响这个"度"的因素有：

1.企业规模

企业规模越大，管理层次越多，管理日常事务越多，高度集权也就越不可能。因此，随着规模的扩大，企业的分权程度要相应扩大，集权的比重要相对缩小。

2.企业管理层次的多少

管理层次越多，分权的比重也就应该相对大一些。否则，管理运转中官僚主义的风气就会严重滋生，下层管理者的作用无法充分发挥，决策也会在时间上滞后，在执行中变形。

3. 企业经营的内容

经营领域越宽，经营内容越复杂，经营生产中所涉及的外部环境、技术问题、内部条件也就越复杂。 在这种情况下，企业最高管理层不可能解决好如此众多的、需要特殊专业知识背景的问题，必须实行较大程度的分权，以使管理者集中精力解决好关系企业生死存亡的大计。

4. 管理工作性质

工作流动性大，外部环境变化大且快的，如推销，宜实行大程度的分权，以便基层管理能随机应变。

5. 企业的经营状况

在企业顺利发展的时期，分权比重一般应大一些；反之，当企业经营面临重大挫折、困难，甚至出现危机时，需要集中力量，调整结构，以便果断迅速统一决策，克服困难，渡过难关。 一般来说，在这种情况下，分权的比重宜暂时缩小，而集权的分量则应加强。

6. 管理者素质

如果上层管理者素质高、精力充沛，集权范围可以相对大一些。 相反，则分权程度宜大一些。 同样，下级管理者素质高，独立工作能力强，工作态度好，对企业、事业忠诚的，也适宜扩大分权比重。 相反，则集权比重宜大一些。 否则，会使管理失去必要的控制。

7. 决策的类型

管理权力的分配，实质上是不同管理职能权力的分配、归属问题。在这一问题上，一般来说，权力的归属应和管理层次、职责及权力性质相呼应。企业最高管理机构，主要应集中精力制订战略计划，因此，战略决策权应集中于最高层次。企业的中层管理机构，则是结合实际情况，组织实施战略决策，因此管理决策组织权，主要应归属于他们。企业的基层管理者，主要根据管理决策进行具体的业务操作管理，因此，大量的业务决策权和对下属的监督权，应归属于他们。当然，在决策权上，绝非像上面讲的那样简单分配了事，各层次管理者之间权力往往会有一定的交叉。但总的趋势是清楚的：越是高层管理机构，越应重视战略决策，而将大量的管理决策、业务决策权下放到相应的下层管理层次中去。

以上关于集权与分权的中庸选择及影响其选择的"度"只是作为一种整体的概述，仅供管理者参考。至于如何在企业中正确运用这些理论、观点和技巧，我们在后面将做进一步的阐述。

运权的最高境界

管理者要做到"有为"，首先要学会"无为"，要能在"无为"中实现"有为"。一个单位、一个部门的工作千头万绪，作为管理者如果不能处理好"有为"与"无为"的关系，就很难真正做到有所作为。"无为"是管理者运权的最高境界。

1. 抓大事，放小事

"做给下级看，带着下级干""向我看齐"讲的是管理者要在"修身""做人"上当好榜样，而不仅仅是多做具体工作。实际上，一个优秀的管理者，不在于他本人亲自做了多少事，而在于他是否善于让他人干事、能干事。孔子有两个学生，一个叫宓子贱，一个叫巫马期，先后在鲁国的单父当过一把手。宓子贱整天弹琴作乐，身不出室，却把单父管理得很好。巫马期则天不亮就外出，天黑才归来，事事都亲自去做，单父也治理得不错。巫马期问宓子贱是什么原因，宓子贱说："我治理单父主要靠用他人做事，你主要靠事事亲自做，你当然很忙，我当然很悠闲。"

人们称宓子贱是"君子"，而巫马期"虽治，犹未至也"。 也就是说，巫马期不如宓子贱懂领导艺术。 一把手要善于从全局角度抓大事、要事，例如：考虑工作目标，制定工作规划，一年中要有哪些改革创新，人事如何安排，钱财如何收支等。 对于一些无关大局的小事、琐事则不可过多操心，要善于区分西瓜与芝麻，大事与小事，把主要精力用在抓大事上。 要知道，非一把手很少有人去考虑全局问题，一把手若不注意抓大事，而是陷入日常事务之中，就难免因小失大，他所管的部门肯定难以搞好。

2. 细管督查奖惩，粗管具体工作

有些管理者常常忙于听汇报做指示，看到有些工作不合自己意就亲自上阵，抓具体工作。 出现一人忙众人闲、一人干众人看的现象，管理者要把自己从具体工作中解脱出来，变一人忙为众人忙，甚至一人闲众人忙。 关键要抓住两点：一是监督检查，管理者应改变重布置具体工作轻监督检查的毛病，重点抓好监督检查，不仅自己抓监督，还任用有事业心、责任感强的人去抓监督；二是抓好奖惩，古人云："治乱之理，宜务公刑赏为急，治国者莫不有法，然而有存有亡，亡者，其制刑赏不分也。"在一个单位，如果干事的得不到表扬，不干事的受不到批评，干与不干一个样，甚至不干事的还受表扬，干事的反受责难，员工的工作积极性绝对不会高，工作也当然搞不好。 无数事实证明，管理者能否用好赏与罚，在一定程度上决定着事业的成败。 因此，管理者只有公正、准确地用好赏与罚，才能极大地调动下属的工作积极性，并使自己少受躬亲之累。

3. 强调工作效果，少制订工作方法

管理者对下级的工作评价，应该以工作是否落实或落实的效果如何为标准。作为管理者要鼓励下属创造性地工作，不能把下属的工作方法、工作细则管得过死过细，否则下属就不可能有主观能动性。再说，各部门的情况千差万别，要让下属按照你的思路去工作，还要取得成效，管理者就必须用很多的精力去考查每一个地方的情况如何，否则，你的办法就不合实情，下属执行也不会到位，这样不仅贻误工作，而且容易让下属养成只会按领导的要求照葫芦画瓢、不勤于思考的工作作风。因此，上级领导应该把注意力放在提出工作目标和明确工作效果上，至于怎样执行，应放手让下级去想、去干，不可干预过多。

法则六

领导要识才用才

企业的差距就是人才的差距

　　企业之间的差距是怎样造成的？　这是一个多年来人们苦苦追寻但始终无法得到一个公认答案的问题。　有人说是战略，有人说是细节……这些原因乍一看似乎都对，但细究起来好像又不完全正确。　如果我们仔细研究一下各种企业排行榜，就会发现，在排名靠前的企业和靠后的企业之间，有的虽然经营的产品相同、企业的规模相近、面对的市场一致、成立的时间也差不多，但体现在利润中的数字却差别非常大。

　　差距到底源自哪里？　虽然人们已经给出了很多的答案，但有一个原因是被大多数人所忽视的，那就是人才。　正是因为人才素质的不同，才造成了现在企业之间巨大的差距。

　　一般来说，优秀的人才都具有以下特征：

　　（1）独具慧眼，善于从环境中捕捉时机，他既是一个思考者，又是一个预言家。

　　（2）会选择恰当的任务，懂得事情的轻重缓急。

　　（3）专心致力于关键领域，为企业谋取最大收益。

　　（4）知道该如何权衡利弊，作出最恰当的决策。

　　（5）他并不一定是大家爱戴和尊敬的人，但一定是懂得如何让下属做正确事情的人。

　　（6）知道如何有效调动周围的人。

　　（7）不仅能为下属指明前进方向，更会身体力行。

　　同样，在那些平庸的人身上，我们也能发现以下这些特征：

　　（1）因为不懂预测，所以总是碰到意想不到的情况，一旦新情况发生，对之毫无准备。

（2）只相信自己了解的情况，总以为自己处理问题比别人要好，因而参与所有的事情，整天忙忙碌碌。

（3）许多问题本该当即解决，或可由某人去办，但他总是把决定推到明天去作。

（4）任何时候，对任何问题都解决得不彻底。

（5）办公桌上总是堆满文件，而且根本不知道其中哪些是重要的，哪些是紧急的，以及哪些是完全不需要的。

诺基亚与爱立信的不同命运

2000年3月17日晚上8时，一场暴风雨导致飞利浦设在美国新墨西哥州的芯片厂发生大火。虽然这场大火在10分钟之后就被扑灭，但却对远在万里之外的两个世界上最大的移动电话生产商——诺基亚和爱立信造成巨大的影响。原因在于：这两个世界移动电话的巨头生产手机所需要的很大一部分芯片是由飞利浦这家工厂提供的，该工厂生产的40%的芯片由诺基亚和爱立信订购。其中Asic射频芯片是飞利浦的独家专利。

3天以后，诺基亚与爱立信都知道了火灾的消息。面对这两个大客户，飞利浦的管理层表示，生产线将会在1周之内恢复，并且优先供应两大移动电话商。

面对飞利浦失火的消息，诺基亚的领导者与爱立信的领导者的反应大相径庭。诺基亚立即派人奔赴飞利浦的芯片厂，监督有关善后事宜。在与飞利浦高层的数次会谈中，诺基亚的干部表现出强硬、积极的态度，要求飞利浦把各工厂的生产计划全部拿出来，尽一切努力寻找可以挖掘的潜力，让飞利浦无法忽视。飞利浦随即安排位于上海和荷兰的工厂为诺基亚生产 1000 万个 Asic 芯片。

在大火发生以后的 2 周之内，诺基亚的领导者还动员了 30 多名欧洲、亚洲和美国各地的经理与工程师一起讨论解决方案，重新设计了芯片，使得日本和美国的其他工厂也能制造。他们寻找到日本和美国的其他供应商承担生产几百万个芯片的任务，从接单到生产只有 5 天的准备时间。

与诺基亚不同的是，爱立信在得知火灾的消息之后，管理层并没有引起足够的重视，似乎没有人认为这场火灾有什么了不起。与飞利浦最初预想不同的是，到了 3 月底，芯片厂仍无法正常运作，恢复正常生产恐怕还要拖上好几周的时间。直到 4 月初，爱立信的领导者才发现此事非同小可，但却已束手无策，因为早在 20 世纪 90 年代中期，爱立信为了节省成本，简化了它的供应链，基本上排除了后备供应商，没有其他替代供应商可以作为紧急补充货源。在市场需求最旺盛的时候，由于短缺数百万个芯片，爱立信一种非常重要的新型手机无法推出。

由于诺基亚的领导者对危机反应迅速，其芯片供应及时，手机生产基本上没有受到太大影响。但爱立信却因芯片短缺而遭遇重创，虽然在飞利浦火灾事件后，爱立信改弦易辙，重新与其他供应商签订了生产合约，但由于反应迟缓而流失的4亿美元的收入却再也无法挽回。再加上营销和其他管理方面的问题，2000年爱立信手机部门总共亏损16.8亿美元。诺基亚从爱立信的手中抢夺了3%的全球手机市场份额，从一年前的27%扩大到了30%，爱立信则从12%下降到9%。2001年1月26日，爱立信宣布退出手机自制市场，这无疑是将制造手机的丰厚利润拱手让人。

事后，诺基亚负责零部件供应的执行副总裁贝提·科贺纳曾对此次危机评价说："危机是你改进的机遇！"爱立信的管理层也不得不承认："我们发现问题太迟了，我们根本没有所谓的危机处理方案。"

我们可以看到，诺基亚公司在供应危机中依靠领导者的快速反应占据了主动权，使飞利浦公司在火灾恢复后优先保证了诺基亚的芯片供应，而且因为有其他供应商提供芯片，诺基亚公司受飞利浦公司火灾的影响明显要比爱立信小得多。对于爱立信来说，管理层的漠视使他们品尝了自己所酿的苦酒。

通过对比这两家国外企业，大家应该都能感觉到人才对于一个企业所具有的重要意义。差距来自人才，人才决定差距，越来越多的企业的遭遇都证明了这一点。

精工战胜瑞士钟表业的秘密

在钟表行业里，瑞士钟表曾经是一头"霸道"的大象，精工不过是一只小山羊。而精工最后能打败瑞士钟表，就依赖于优秀领导者的出色发挥。

1891年，服部金太郎创建了"精工舍"，按照美国的样品加工时钟。1913年，金太郎研制出日本第一代手表，从此精工走上了快速发展的道路。

虽然经历了战争的打击，精工舍还是在20世纪50年代后期发展成为精工集团，并迈开了超越"钟表王国"瑞士的步伐。

当时，瑞士年产各类钟表1亿只左右，畅销150多个国家和地区，市场占有率一度高达80%。而精工手表，当时不仅销路不佳，形象也不好，有人甚至对其有"精工不精"的评价。如此一只瘦弱的山羊，如何超越得了大象呢？

机会终于来了！1960年的奥运会在罗马举行，当时，运动会上所有的计时器都是瑞士生产的，其中，"欧米茄"计时表当时已经多次独占奥运会的计时权。在这次奥运会上，精工集团派出了一个秘密管理者考察团，其任务就是考察瑞士的计时器。

考察中，精工的管理者了解到，用于比赛计时的瑞士"欧米茄"几乎都是机械钟表，石英表只有很少的一部分。有了！机会就是石英钟表。

于是，精工的管理者考察团迅速将这一构想传达到了公司总部，很快就研制出了高性能的石英计时器。1963年1月，精工向奥委会申请，希望提供1964年东京奥运会的跑表、大钟和精密计时设备。不久，这个申请就得到了奥委会的同意，精工夺下了由"欧米茄"霸占 17 次之多的奥运会计时权。

但瑞士钟表业的管理者们却没有意识到问题的严重性，认为奥运会是在东京举行，精工不过是占了地利。

精工的石英表在奥运会上崭露头角后，又开始了下一步的研发。1970 年，精工石英电子表研制成功。1974 年，液晶显示石英电子表投放市场。这种表优势非常明显，号称"表中之王"的劳力士月误差 100 秒左右，而石英电子表的月误差却不超过 15 秒。

这时，瑞士钟表业才如梦方醒，但为时已晚。20 世纪 70 年代后期，精工手表的销量已经是世界第一，瑞士钟表则被赶到高档手表那小小的空间中求生存。

"精工"之所以能以弱胜强，以一己之力从瑞士钟表这头"大象"身上夺取丰厚的市场份额，将原来双方的地位来了个惊天大逆转，依靠的正是自己的管理者能从一个似乎不是机会的机会中找出突破口，这就是人才造成的差距。

无独有偶，在 20 世纪 80 年代，中国刚刚改革开放，有许多世界知名企业都想在华投资建厂。当时在世界汽车市场上数一数二的美国通用汽车公司打算在中国投资。当时美方的代表在和中方的代表谈判时问道："如果我们公司在你们中国建厂，投产后第一批的生产量有多大？"

由于当时中国的生产力比较落后，中方面对美方的问题，根据国情如实报出自己的生产能力："我们第一批的生产规模可以达到 3 万辆。"

　　中方的回答让美方代表大吃一惊，还以为自己听错了或是中方少说了一个零，因为这个回答对于当时年产量高达 800 万辆汽车的通用汽车公司来说，真是太不值得一提了，于是美国通用汽车公司放弃了这次机会。

　　但是在一年之后，德国大众汽车公司的董事长汉思来到中国后，无意中听到这个情况，马上就找到中国政府，与中方通过谈判签订了建厂协议。于是，第一家中外合资公司在华注册——上海大众。后来，在一段时间内，本地生产的大众汽车在中国汽车市场上占了很大的比例，一举占领中国中高档轿车市场。

　　德国大众的董事长就是抓住了这样一个很小的机会，为大众抢占了中国这么大的市场。多年后，通用汽车的代表再次来到中国，看到满街跑的德国大众汽车，无可奈何，只能为自己失去商机而惋惜。

　　这就是"通用"领导者与"大众"领导者的区别，德国大众董事长以自己敏锐的洞察力和果断的决策力，轻易打开了大众在中国的市场。 他比通用汽车的代表有更好的头脑，抓住了这个商机，为企业开辟了新的发展天地。

如何赏识你的千里马

职场如战场，到处弥漫着战斗的"硝烟"。 一位成功的领导者，可不必拥有最精湛的业务能力，但必须具有统筹全局的战略眼光；可以不用事必躬亲，但在识人、用人上必须具有独到的领导眼光。 那么，作为领者，如何赏识你的千里马，让你的千里马各尽其力、人尽其才，就显得尤为重要。

项羽与刘邦争夺天下，失败的因素很多，然而在众多失败的因素中，有一点至关重要，那就是两人在用人上的天壤之别。

韩信原本在项羽麾下谋职，却被项羽任命为持长戟的侍卫。韩信曾多次给项羽出谋划策，项羽却嫉妒韩信的才干，不仅没有采纳韩信的谋略，反痛斥韩信的"小儿之见"。项羽怠慢人才，刘邦重用人才，由此看出项羽、刘邦在用人上的截然不同，也最终导致了韩信反楚归汉，后来在垓下带兵围项羽，致使项羽身首异处，帮助刘邦剿除了心腹之患。

刘邦在夺取政权后与群臣有一段著名的"三不如"的对话："夫运筹帷幄之中，决胜于千里之外，吾不如子房（张良）；镇国家，抚百姓，给馈饷，不绝粮道，吾不如萧何；连百万之军，战必胜，攻必克，吾不如韩信。此三者皆人杰也，吾能用之，此吾所以取天下也。"

刘邦原来是一个小小的泗水亭长，文比不过萧何，武赶不上韩信，治胜不过张良，却能任能人为己所用，继而夺得天下。然而"力拔山兮气盖世"的霸王项羽，其文韬武略都远远在刘邦之上，却不善于用人，致使原来在自己军前效力的韩信、陈平、英布等人倒戈相向，投奔刘邦，最终惨遭失败。

从项羽的惨败和刘邦的大胜中，不难看出这与领导者知人善任有关。项羽用兵如神，也就是有着极其精湛的业务能力，本来刘邦不能与之争天下，也曾打算投奔项羽，但刘邦深知项羽嫉贤妒才，也就打消了为项羽效力的想法。韩信能指挥打仗，按理说应该被拜为将军，让其带兵与刘邦浴血奋战不难，然而项羽却嫉妒韩信，不用韩信的将帅之才。刘邦在韩信僭越名号时，也能着眼于大局，封韩信为真正的齐王，自然笼络了韩信的心。作为一名领导者，就要向刘邦学习职场用人之道，能赏识张良、萧何、韩信这些千里马，让其驰骋职场，最终成就自己的职场辉煌。

晚清名臣曾国藩，不仅有着超人的权谋之术，而且深谙识人用人之道，可谓众多千里马的伯乐。

有一次，李鸿章向恩师曾国藩推荐了三个年轻人，希望他们能够在恩师的帐前效力。这三个年轻人去拜访曾国藩。

曾国藩躲在庭院的隐蔽处，暗暗细心观察这三个人。只见其中一个人不停地用眼睛观察着房屋内的摆设，似乎在思考着什么；另外一个年轻人，则低着头规规矩矩地站在庭院里；剩下的那个年轻人相貌平庸，却气宇轩昂，背负双手，仰头看着天上的浮云。曾国藩又观察了一会儿，看云的年轻人仍旧气定神闲地在院子里独自欣赏美景，而另外两个人已经按捺不住，颇有微词。

曾国藩在与他们交谈后。发现那个不停打量自己家客厅摆设的年轻人和自己谈话最投机，对于自己的喜好，他都烂熟于心，因此相谈甚欢。相形之下，另外两个人的口才就不是那么出众了。不过，那个抬头看云的年轻人虽然口才一般，却常常有惊人之谈，对事对人都很有自己的看法，只是说话过直，让曾国藩有些尴尬。

待他们离开之后，曾国藩立刻吩咐手下给三个年轻人安排了职位。出人意料的是，曾国藩并没有对和自己谈得最投机的年轻人委以重任，而是给了他个有名无权的虚职；很少说话的那个年轻人则被派去管理钱粮马草；最让人惊奇的是，那个仰头看云，偶尔顶撞曾国藩的年轻人被派去军前效力，他还再三叮嘱下属，这个年轻人要重点培养。

李鸿章对恩师的安排颇不理解，于是，曾国藩说出了用人的秘诀："第一个年轻人在庭院里等待时，便用心打量大厅的摆设。刚才他与我说话的时候，明显看得出来他对很多东西不甚精通，只是投我所好罢了，而且他在背后发牢骚发得最厉害，见了我之后却最恭敬。由此可见，此人表里不一，善于钻营，有才无德，不足托付大事。第二个年轻人遇事唯唯诺诺，谨小慎微，沉稳有余，魄力不足，只能做一个刀笔吏。最后一个年轻人在庭院里等待了那么长的时间，却不焦不躁，竟然还有心情仰观浮云，就这一份从容淡定便是少有的大将风度。更难能可贵的是，面对显贵他能不卑不亢地说出自己的想法而且很有见地，这是少有的人才啊！"曾国藩的一席话，说得在场的众人连连点头称是，曾国藩接着说道："这个年轻人日后必成大器！不过，他性情耿直，很可能会招来口舌是非。"

正如曾国藩所料，那个仰头看云的年轻人没有辜负曾国藩的厚望，在后来的征战中迅速脱颖而出，受到了军政两界的关注，并且因为战功显赫被册封了爵位。不仅如此，他还在垂暮之年毅然复出，率领民众重创法国侵略军，从而扬名中外，他便是台湾首任巡抚刘铭传。

曾国藩识人用人并不是凭自己的喜好，而是通过观察他人，从他人生活上细微的地方入手，从而看准了他们在职场上的前途。作为领导者，不仅要有赏识千里马的能力，而且要有任人唯才、用人唯德的战略眼光。领导者唯有使用这样的识人用人之道，方能率领这些千里马，并能使之为己所用，为职场效力。

现代职场上，竞争尤为激烈，如何赏识你的千里马，怎样识人用人，可谓领导者必须掌握的一门大学问。识得不准、用得不好，不仅有失自己的声誉，也会因此带来麻烦，砸掉自己的饭碗；识得准又用得好，不仅能为自己赢得良好的声誉，而且也为自己的职场开创了一片新天地。

善于发挥人才的长处

任何一个组织都是众人的集合，有才华出众者，有泛泛如众者，有八面玲珑者，有谨小慎微者，等等。真可谓各色人等，长短处不一。但用人问题的关键却在于，要用人之长，这是领导者用人的眼光和魄力之所在。现代领导科学的领导理念是，一个人的短处是相对存在的，只要善于激活某一方面的长处，那么这个人则可能修正自我，爆发出惊人的工作潜能。

去过寺庙的人都知道，一进庙门，首先是弥勒佛，笑脸迎客。而在他的北面，则是黑口黑脸的韦陀。但相传在很久以前，他们并不在同一个庙里，而是分别掌管不同的庙。弥勒佛热情快乐，所以来的人非常多，但他什么都不在意，丢三落四，没有好好地管理账务，所以依然入不敷出。而韦陀虽然管账是一把好手，但成天阴着个脸，太过严肃，搞得人越来越少，最后香火断绝。

佛祖在查香火时发现了这个问题，就将他们俩放在同一个庙里，由弥勒佛负责把关，笑迎八方客，于是香火大旺。而韦陀铁面无私，锱铢必较，让他负责财务，严格把关。在两人的分工合作中，庙里一派欣欣向荣的景象。

其实在高明的领导者眼里，没有废人，正如武功高手，不需名贵宝剑，摘花飞叶可伤人，关键看如何运用。

在一次宴会上，唐太宗对王珪说："你善于鉴别人才，尤其善于评论。你不妨从房玄龄等人开始，都一一做些评论，评一下他们的优缺点，同时和他们互相比较一下，你在哪些方面比他们优秀。"王珪回答说："孜孜不倦地办公，一心为国操劳，凡所知道的事没有不尽心尽力去做，在这方面我比不上房玄龄。常常留心于向皇上直言进谏，认为皇上能力德行比不上尧舜很丢面子，这方面我比不上魏征。文武全才，既可以在外带兵打仗做将军，又可以进入朝廷担任宰相，在这方面，我比不上李靖。向皇上报告国家公务，详细明了，宣布皇上的命令或者转达下属官员的汇报，能坚持做到公平公正，在这方面我不如温彦博。处理繁重的事务，解决难题，办事井井有条，这方面我也比不上戴胄。至于批评贪官污吏，表扬清正廉洁，疾恶如仇，好善喜乐，这方面比起其他几位能人来说，我也有一日之长。"唐太宗非常赞同他的话，而大臣们也认为王珪完全道出了他们的心声，都说这些评论是正确的。

从王珪的评论可以看出唐太宗的团队中，每个人各有所长。但更重要的是唐太宗能将这些人才依其专长安排到最适当的职位上，使其能够发挥自己所长，进而让整个国家繁荣强盛。

未来企业的发展是不可能只依靠一种固定组织的模式而运

作，必须视企业经营管理的需要而有不同的团队。所以，每一个领导者必须学会如何组织团队，如何掌握及管理团队。领导者应以每个下属的专长为思考点，安排适当的位置，并依照下属的优缺点，做机动性调整，让团队发挥最大的效能。最糟糕的领导者就是漠视下属的短处，随意任用，结果就会使下属不能克服短处而恣意妄为。也就是说，一位不能够明白下属短处的领导者，也不能够明白下属的长处，这是善于洞察下属的领导者力戒的用人误区。如果说，只看到下属的短处而将他抛弃的领导者好比瞎了一只眼睛，那么只看到下属的短处的领导者则好比瞎了两只眼睛的盲人。

在激励中加点儿情感调料

情感投资是激励中的"圆"，虽然情感投资不会取得立竿见影的效果，但相互信赖的感情关系建立起来后，对事业的发展却有着不可估量的价值。

谈到情感投资，不能不提三国时期的刘备。刘备非常懂得情感投资的益处，并时时进行情感投资：三顾茅庐的诚意，日后多次真情流露，最后白帝城托孤，终身绑定了战略家诸葛亮；与赵云两次分别时，执手垂泪，这无疑是对赵云的召唤，而赵云在当阳长坂坡之战中，为寻找阿斗冲破曹军围堵七进七出，但刘备接到阿斗后掷之于地，愠而骂道："为此孺子，几损我一员大将！"赵云抱起阿斗连连泣拜："云虽肝脑涂地，不能报也"。刘备的这一举动不仅收买了赵云誓死随主之心，也教育和感化了当时在场的所有文武随从。

现代管理亦如古之兵战，管理者必须懂得情感投资。如果一个管理者不懂得情感投资，即使再有雄韬伟略，最后也只能落得孤家寡人的下场。

日本麦当劳株式会社的社长藤田田在其所著的畅销书《我是最会赚钱的人物》中阐述道，情感投资在所有投资中，是花费最少、回报率最高的投资。

在藤田田的领导管理下，日本麦当劳株式会社非常注重对员工进行情感投资，如每年会拿出巨资给医院作为保留病床的基金，目的就是当职工或家属生病、发生意外时，可立刻住院接受治疗，避免出现在多次转院途中因救治不及时而丧命的情况。

对于这种做法，有人曾问藤田田："在医院保留床位是好事，但如果你的员工几年不生病，那这笔钱岂不浪费了？"

藤田田的回答是："只要能让职工安心工作，对麦当劳来说就不吃亏。"

麦当劳日本株式会社不但会记住每个员工的生日，还会记住员工先生或太太的生日。每逢员工的太太过生日时，员工可以请假，同家人团聚。而且，太太们还会收到以餐厅经理名义送来的一束鲜花。事实上，这束鲜花并不昂贵，然而太太们却很高兴。

为了抓住太太们的心，麦当劳日本株式会社将每5个月发一次的奖金称作"太太奖金"，因为这笔奖金会直接拨到员工太太的银行账户上。员工的太太这时还能收到经理的一封感谢信："公司今天之所以能够赚钱，都是托诸位太太的福气。虽然在餐厅上班的是你们的先生，但他们并不清楚优秀业绩中多大的比例是来自太太们背后的支持和帮助。兹奉上奖金为太太们所有，不必交予先生。"

可以说，藤田田对员工进行的情感投资是多方面的，当然也收到了意料之中的成效。作为一名员工，不但自己得到了公司的关心，而且自己的家人也得到了公司的关心，在这种和谐的工作环境中，哪个员工会不努力工作呢？

索尼公司的创始人盛田昭夫也与藤田田一样重视对员工的情感投资。

索尼有一家分厂，其产品主要销往东南亚，一段时间内，总公司不断收到来自东南亚的投诉。经过调查，发现原来这家分厂随身听的包装有些问题，但并不影响内在质量，找到原因后，总公司责令分厂立即更换产品包装，问题得以解决。但事情还未就此结束，盛田昭夫还要求分厂负责人在公司的董事会议上对这一错误进行陈述。

在会上，盛田昭夫对分厂负责人进行了严厉批评，要求全公司以此为戒。会后，该负责人快快地走出会议室，考虑提前退休。这时，盛田昭夫的秘书走了过来，盛情邀请他一起去喝酒，这位负责人哪里还有喝酒的心思，但又不好拒绝秘书的盛情邀请，于是二人走进了一家酒吧。

该负责人问秘书："我现在是被总公司抛弃的人，你怎么还这样看得起我？"

这位秘书说："董事长一点也没有忘记你为公司所做的贡献。今天的事情也是出于无奈。会后，他害怕你为这事伤心，特地让我请你喝酒。"

接着秘书又说了一些安慰的话，厂长极端不平衡的心态开始趋于缓和。

喝完酒后，该负责人回到家，刚进家门，妻子就迎上来对丈夫说："总公司可真重视你啊！"

负责人听了感觉非常奇怪，妻子也来讽刺自己。这时，妻子拿来一束鲜花和一张贺卡说："今天是我们结婚二十周年的纪念日，你却忘记了。"

该负责人说："可是这跟我们总公司又有什么关系?"

原来，索尼公司的人事部门对职员的生日、结婚纪念日之类的事情都有记录，每当遇到这种日子，公司都会为员工准备一些鲜花和礼品。只不过今年有些特别，这束鲜花是盛田昭夫亲自订购的，并附上了一张他亲手写的贺卡，勉励这位负责人继续为公司竭尽全力。

盛田昭夫为了总公司的利益，不能有丝毫的宽待，但在严厉批评后，又进行情感投资，表达一定的歉意，起到了恩威并施的效果。

盛田昭夫经常使用这种方式，索尼公司的许多人把这称为"鲜花疗法"。

通过这两个例子可以看出，管理者只要坚持情感投资这个"圆"，以情感为纽带，加强情感投资，就可以使员工的自尊得到满足，从而提高员工的工作热情，激发出他们的主动性和创造性。所以说，情感投资是高明的企业家管理企业的重要手段之一。

激活人才的元素

现代社会，存在太多的诱惑，很容易让人才对现有的工作失去兴趣，失去热情，造成工作效率降低。如果企业的管理者不想办法来激活人才的元素，就会导致士气低落，员工流动率过大，管理者与员工彼此之间漠不关心，没有人情味，员工厌烦工作，生产力降低等。种种因素加在一起，就造成企业业绩不佳的可怕结果。人才"在其位"，却不想"谋其职"，不好好表现的原因，主要在于缺乏适当的激励。适当的激励，是激活人才元素的最好方法。对于企业管理者而言，绝对不能把激励只当作一句口头禅，要实实在在地拿出点措施来。

"不激励不行"似乎是一种趋势，因为大家公认激励是一种有效的驱策力，可以促使员工努力工作，并对组织抱有献身精神。"激励"是一把双刃剑，用对时机，效果就很好；反之，则会伤到自己，危及组织，促使人才"走路"。因此，任何组织都要保持恭敬虔诚的态度，用心学习正确的激励之道。

是不是所有人才在市场经济中失去了铁饭碗，就不愿意忠心耿耿了呢？不一定。著名管理顾问斯温说："那些最开明的企业在这点上很坦诚。他们会告诉员工，碍于竞争压力，他们无法保证给予他们工作保障，但会设法激励他们，帮助他们成长，奖励他们。"

有一个十分有趣的故事，就很贴切地说明了这个道理。

某地有个著名的厨师，他的拿手好菜是北京烤鸭，深受顾客的欢迎，这给他的老板带来了滚滚财源。老板也十分喜欢吃这道烤鸭，但对厨师精湛的手艺，却视而不见，从来没有给这位厨师涨过工资，也没有任何鼓励，连一句表扬的话也没有，使得厨师整天闷闷不乐，甚至产生了要"动一动"的想法。

　　有一天，老板有客自远方来，在家设宴招待贵宾，点了好几道菜，其中一道是老板最喜欢吃的烤鸭。厨师奉命行事。然而，当老板夹了一只鸭腿给客人后，再给另一位客人夹时却找不到另一只鸭腿，他便问身后的厨师说："另一只腿到哪里去了？"

　　厨师说："老板，我们买的鸭子都只有一条腿！"

　　老板感到十分吃惊，心想："这厨师今天到底怎么了，平时蛮老实的嘛，今天犯什么病了？"但碍于客人在场，不便问个究竟，更不便发火。

　　饭后，老板当即找到厨师，要他到鸭笼去查个究竟。时值夜晚，鸭子们都躺在地上睡觉，每只鸭子都只露出一条腿。

　　厨师指着鸭子说："老板，你看，我们买的鸭子不是全都只有一条腿吗？"

　　老板听后，嘿嘿一笑，便大声拍了几下手掌，把鸭子都吵醒了，鸭子都站了起来。

　　老板指着鸭子说："你看，鸭子不全是两条腿吗？"

　　厨师说："对！对！不过，只有你鼓掌拍手，才会有两条腿呀！"老板恍然大悟。

可见，激励奖赏是非常重要的，作为企业的管理者，如不懂得在适当时候给予员工恰当的激励，恐怕后果并不只是鸭子少了一条腿那么简单了。

激励含有激发动机、鼓励行为、形成动力的意思。作为一个组织行为学和心理学的概念，是指激发人的动机，使人才具有一股内在动力，朝着所期望的目标前进的心理过程。

激励是行为的钥匙，又是行为的按钮，按什么样的钮就会产生什么样的行为。激励的实质就是对人的行为的刺激。

从管理一个人到管理通用近 20 年，作为通用电气公司董事长兼总裁，杰克·韦尔奇通过 600 多次收购，扩大了公司的规模，公司的总收入屡创新高。但韦尔奇认为他所做的最重要的工作是激励人才，及对他们工作表现做出正确的评估，为此他付出了大量的时间。韦尔奇用一个形象的比喻道出了用人的真谛："你要勤于给花草施肥浇水，如果它们茁壮成长，你会有一个美丽的花园。如果它们不成材，就把它们剪掉，这就是我需要做的事情。"

通用电气自韦尔奇掌舵以来，对于 21 世纪的领导人才，提出了 "A 级人才标准"并向各个业务部门和全球分公司推广。这种 A 级人才需要具有 "4E"元素，即：

Energy ——充沛的精力

Energizer ——激发别人的能力

Edge ——敢于提出强硬要求

Execute ——不断将远见变为实绩的能力（执行的能力）

此外，我国还有很多专家提出，能够保持一种积极的状态将有助于人才发挥更大的潜能。优秀人才应该具有以下几个 "E"元素：

Enthusiasm ——热情

Effort ——努力

Effervescence ——活力

Excitement ——兴奋

Efficiency ——效率

将这些至关重要的"E"元素激活，靠的不仅仅是金钱，还包括工作自由度、创造性、挑战性、成就感、获得尊重等精神上的满足。

新一代的人才一般不会用按部就班、例行公事的态度面对工作，而是投入全部的"E"元素，尽最大的努力，用"出色"而非"合格"来要求自己，在工作中表现出足够的活力，并为自己的每一项成绩而兴奋。对管理人才而言，这种高昂的斗志和饱满的精神状态每时每刻都极大地鼓舞和感染着整个团队的斗志，其作用绝不亚于丰厚的奖励。

让每一位人才都有足够的"E"元素是激励的目标。工作有时候被认为只能消耗"E"元素，很多人就这样流于平庸，在工作中逐渐消磨了战斗力和创造力。但工作其实也可以成为激发你的"E"元素的源泉，让你在工作中充满激情和创意。

如何才能不断地激发人才的"E"元素呢？

1. 要树立正确的激励理念

要树立正确的激励理念，应该从以下方面着手：人才的动机是可以驱动、激发和改变的；绝大多数人才是喜欢自己的工作的；每位人才都希望把工作做好、做对，而不是存心犯错；每位人才都有不同的需要，对满足自己的需要也有不同的看法；人才愿意自我调整，并产生合理行为；金钱有相当大的激励作用；让人才觉得自己在组织中无比重要也是一种重要的激励手段；激励可以产生 1 + 1 > 2 的效果；激励是留住人才的重要手段。

2．减少非激励因素

造成士气低落的因素是多种多样的。改变一个人要花费太多的时间和精力，而激励一个人有时候也许只需要一句话。每位人才天生就有要在企业里成就一番事业的雄心。每位人才都有自我激励的本能。他们都希望能够自主，希望自己的能力得以施展，希望得到认可，希望自己的工作富有意义。一个聪明的组织者或管理者如果能够利用他们的这一本能去激励人才，甚至可能不需花费分文。

如果一个组织不能有效地激励员工，则可能存在着以下阻碍人才实现自我激励的因素中的某几个：组织里充满政治把戏，钩心斗角；人际关系太复杂，不知道谁和谁一派；组织对人才的业绩没有明确的希望值，不知道要做什么，也不知道做到什么程度才正好；设立太多不必要的制度让人才遵循，很少奖励，但却总有一条可以对人才进行惩罚；让人才参加许多拖沓的会议；在人才中推行过度的内部竞争，而且评价标准不公正公平；没有为人才提供必要的完成工作的支持；提供批评性而非建设性的反馈意见；容忍差业绩的存在，使业绩好的员工觉得不公平；未能对充分发挥人才能力给予足够的重视。

要利用人才的自我激励本能，就要发掘真正的激励因素，彻底和以上所列的非激励因素说"再见"。利用员工的内在欲望，促使他们实现最大的满意度和生产率。

人生而有欲，有欲就有所求，有求就会有目标，有目标就会为之奋斗。 因此，作为企业管理者应该了解员工的欲望，以欲望满足为诱导，使员工产生组织所期望的行为，从而促使组织目标的实现。 所以，用人的过程实质上是个循环往复、持续不断的激励过程，当人的一种需求满足以后，新的需求将会反馈到下一激励循环过程之中。

既要用人，切莫疑人

俗话说："带人如带兵，带兵要带心。"无论是机关、国企，还是外企、私企，领导者对人才的激励最重要的不一定是丰厚的薪水和奖金，而是相互之间的信任。"日本经营四圣"之一、京瓷集团创办人稻盛和夫说："持续经营心灵，能让你有意想不到的收获。"领导者信任下属，放手让下属大胆去做事，才能更好地发挥其主观能动性和创造力。既要用人，切莫疑人，是领导者用人的一个重要的基本原则。当然，这个"不疑"是以自己择用人才的判定、考核为基础的。一个成功的领导者，懂得用人不疑，疑人不用的道理，下属大多都有投桃报李之心，如果领导者与下属之间建立了信任的纽带，那么，下属"离心背叛"的概率就会微乎其微。

一位中国的赵姓主管看见美国调色师正在调口红的颜色，走过去随便问了一句："这口红好看吗?"

美国调色师站起来说："第一，亲爱的赵副总（美国人通常都是叫名字的，叫了头衔就表示心中不太愉快了），这个口红的颜色还没有完全定案，定案以后我会拿给你看，你现在不必那么担心。第二，赵副总，我是一个专业的调色师，我有我的专业，如果你觉得你调得比较好，那么，下个礼拜开始你可以调。第三，亲爱的赵副总，我这个口红是给女人擦的，而你是个男人。如果所有的女人都喜欢擦，而你不喜欢没有关系；如果你喜欢，所有的女人却不喜欢，那就完了。"

"Sorry，Sorry."赵主管知道自己的问话有些不妥，连声道歉。

领导者充分信任下属，下属才会不受拘束，大胆地开动脑筋，创新思维，提高效能。如果领导者干涉过多，那么在一定程度上就会影响下属的创意，束缚下属的行动，尤其是有些领导者在技术方面明明不是特别擅长，却非得在技术上横插一脚，不仅会干扰到下属的工作，而且会降低自己的威信。作为领导者，因其需要具备协调能力、管理能力、组织能力等，就不必在专业技术上胜过自己的下属。领导者既选择用人，就一定要相信其管理能力或者专业能力。只有上下级之间建立起相互信赖的关系，才能使管理更加有效。

英国历史上第一位女首相、"政坛铁娘子"撒切尔夫人，起用过一位私人秘书，叫弗格斯。

有天清晨，弗格斯家的电话铃声骤然响起。他刚握起话筒，一个陌生而嘶哑的男中音便在电话那头响起："弗格斯先生，您好，我是杰克法官。有人指控您偷了一家商店的两本书，请您务必于今天下午一点钟到达法庭接受审理，希望您积极配合我们。"

弗格斯一头雾水，他已经有段时间没有去过商店了，再说以他的地位与经济实力，还用得着去偷书？很显然，这是有人设计陷害他。

弗格斯上任伊始，就有许多人打过他的主意。虽然对于弗格斯的当选，很多人都赞同并给予了充分的支持，但并不代表没有人嫉妒甚至希望他身败名裂。

　　下午一点钟，弗格斯准时到达法庭。指控人是个英俊的年轻人。二人你来我往，互不相让。法官一时难以判断，只好休庭，宣布第二天再审。

　　弗格斯很气愤，他的上司撒切尔夫人是个精明强干、不苟言笑的女人，对人对事一向要求严格，就在清晨还因为他的事假而不悦。直觉告诉他，明天的审理也肯定不会有什么结果。

　　第二天清晨，弗格斯还没想清楚该以什么样的借口再次向撒切尔夫人请假。就在这时，撒切尔夫人打电话过来，问他打算怎么办，言外之意是她已经知道了这件事。

　　想不到这么快就传到了撒切尔夫人的耳朵里。弗格斯涨红了脸，仿佛他真的做了贼。他告诉撒切尔夫人，他必须去法院，然后直接回家，因为他没脸见其他人了。

　　撒切尔夫人告诉弗格斯：去过法院之后，一定要到单位来，即使事情再糟糕，一个大男人都必须拿出足够的勇气去面对。她还特别要求弗格斯在处理完法院的事情后去见她。

　　撒切尔夫人此举就是在告诉弗格斯：男子汉大丈夫要敢作敢为，既然没有做贼，就要心胸坦荡，大胆申辩，做到"君子心中无鬼"；即便真是你所为，就要拿出男子汉的勇气，有一说一，有二说二，不必隐瞒，更何况知错能改，善莫大焉。

弗格斯很沮丧，干了这么多年，辛辛苦苦得来的职位可能就要这样失去了。

正如弗格斯预料的那样，法庭审理还是没有结果。下午，弗格斯不得不装作什么事也没有发生过，硬着头皮推开大门，同事们都不约而同地停下了手中的工作。不过一秒钟，但仿佛全世界的目光都聚焦到弗格斯的脸上，他成了"过街老鼠"，同事们不是斜眼瞄着他，就是绕过他而行。弗格斯实在受不了这样的难堪，径直来到撒切尔夫人那儿，想请辞了。

撒切尔夫人先开了口："来，我们去散散步。"弗格斯还没明白是怎么回事，撒切尔夫人已经出了门。

弗格斯跟随撒切尔夫人来到走廊，她并没有和弗格斯说什么偷窃的事情，不过是让他聊聊他的孩子。提到孩子，弗格斯的紧张情绪立刻轻松下来，孩子的诸多趣事让他的脸上不自觉地露出笑容，一向严肃的撒切尔夫人也不时地点头微笑。

在撒切尔夫人面前，弗格斯是很紧张的，即便自己不是贼，弗格斯的心情也会十分紧张，更何况法院现在还没宣判。撒切尔夫人是信任自己任用的人的，因此选择了通过与下属谈心、拉家常的方式，消除下属的担忧，让下属明白，事情发生后，领导一直都是信任他的。面对如此礼遇的领导，下属还有什么理由不心甘情愿誓死效忠呢？

撒切尔夫人同他走遍了这座办公大楼的所有走廊，很多同事都看到了他们愉快交谈的情景。在走完了所有走廊后，撒切尔夫人带弗格斯进了茶室，这里的门时刻敞开着，她选了临近门口的座位坐下，并示意弗格斯坐在她的对面，使得经过和进入茶室的人第一眼就能看见他们。撒切尔夫人此举不仅意在说明，自己对弗格斯充满信任，而且也在向同事们传达一个信息，相信我选用的干部，他绝对值得信任，要不我早炒了他的鱿鱼。

在这里，视时间为金子般珍贵的撒切尔夫人居然同弗格斯闲坐了一个多小时。事情很奇怪，当弗格斯再次推开办公室大门的时候，同事们的态度竟然有了 180 度的大转弯，他们的眼睛里盛满了友善，脸上挂满了笑容。

最后，法院经过认真调查、审理，宣判弗格斯无罪。

这是一个领导干部如何用人不疑的经典事例。撒切尔夫人对遭到别人怀疑、担心上司有所疑虑的下属采用了"三步走"的信任激励：一、在下属犯事时，打电话问他有什么安排，却绝口不提下属出错的原因，既能给下属以提醒，敲响警钟，又不失信任；二、在下属面露难堪之色时，与他话家常，打消他的疑虑，稳定下属浮躁的心；三、相信下属不会犯事时，不仅做到信任下属，而且还精心安排和下属喝茶，使得其他下属知道领导信任他，其他下属也就不敢多嘴了。

张勇杰刚办完业务回到公司，就被主管叶俊叫到了办公室。

　　"小张啊，今天业务办得顺利吗?"

　　"非常顺利，叶主管，"张勇杰兴奋地说，"我花了很多时间向客户解释我们公司产品的性能，让他们了解到我们的产品是最合适他们使用的，并且在别家再也拿不到这么合理的价格，因此很顺利就把公司的机器推销出去了一百台。"

　　"不错，"叶俊赞许地说，"但是，你完全了解客户的情况了吗? 会不会出现反复的情况呢? 你知道我们部门的业绩是和推销出的产品数量密切相关的，如果他们再把货退回来，对我们的士气打击会很大，你对那家公司的情况真的完全调查清楚了吗?"

　　"调查清楚了呀，"张勇杰兴奋的表情消失了，取而代之的是失望的表情，"我是先在网上了解到他们需要供货的消息，又向朋友了解了他们公司的情况，然后才打电话到他们公司去联系的，而且我是通过你批准后才出去的呀!"

　　"别激动嘛，小张，"叶俊讪讪地说，"我只是出于对你的关心才多问了几句。"

　　"关心?"张勇杰终于忍不住，抱怨道，"你是对我不放心才这样说的吧?"

　　叶俊不信任张勇杰，才提出种种疑惑，最终导致张勇杰的反感和抱怨，影响了他在下属心目中的形象。 作为领导干部，在分派一项任务时，就要事先对下属的能力做到心中有数，做到因人而异地安排好任务，既然用了人家，就要对人家放心，这样下属才能没有后顾之忧，一心扑在工作上。如果既要用人，又要疑人，那么只会让人觉得领导者对自己不放心，对自己不信任，这样下属还会死心塌地地效命吗？

        战国初年，魏文侯派大将乐羊讨伐中山国，碰巧的是，乐羊之子乐舒当时正在中山国为官。两军交战，中山国想利用乐舒与乐羊之间的亲情，迫使魏国退兵，乐羊不为所动。为把握胜局，乐羊对中山国采取了围而不攻的战略。

        消息传到魏国，一些谗臣纷纷向魏文侯状告乐羊以私损公。魏文侯不予轻信，当即决定派人到前线劳军，并为乐羊修建新宅。乐羊围城数日，待时机成熟，一举破城，灭了中山国。班师回朝后，魏文侯大摆庆功宴。酒足饭饱，众人离席后，魏文侯叫住乐羊，搬了一个大箱子令其观看，原来里面装满了揭发乐羊围城不攻、私利为重的奏章。乐羊激动地对魏文侯说："如果没有大王的明察和气度，我乐羊早为刀下之鬼了。"

领导者要学会用人不疑的用人之道，不是光磨嘴皮子，而是需要领导者具备勇气和心胸。魏文侯在两军交战最为关键的时刻，能不轻信谗言，信任大将乐羊，才使得乐羊心无所阻，奋战报效，结果帮助魏文侯夺下了中山国。在职场上，领导者很难真正做到用人不疑，特别是在下属有能力、有水平，人缘又好于自己的时候。 作为领导者，既然选择授权给下属，就要信任下属，如果疑他，当初何必要用他呢？

作为领导者，在重用人才的时候，贵在信而不疑。 既然选准了就要信任，大胆地授权和任用。 领导者在用人的问题上，要有正确的用人态度、清醒的用人意识、坚定的用人信念，不要被少数人的流言蜚语左右，也不要被自己狭隘的目光所牵制，不因下属的小节而止信生疑，更不要捕风捉影，无故猜忌。 如果能做到这些，何愁人脉不聚，人心不齐呢？

激发下属潜能的手段

从理论上讲，充分激发下属的潜能是不难做到的，但在实际工作中要做到这一点却是很难的。有时候，领导者或许要冒一定的风险，甚至要付出相当高昂的代价。因为在整个激发过程中，面临的不只是激发工作本身所遇到的"技术"难题，还有导致埋没人才的一系列因素，其中包括力图继续维持现状的各种习惯势力做出的强烈反应。只要稍有不慎，领导者就可能遭到"灭顶之灾"。为此，有经验的领导者在激发下属的潜能时，都十分注意选用灵活巧妙的激发手段，尽量做到准确、快速、高效、公正、合理。在通常情况下，领导者在激发下属的潜能时，比较喜欢选用以下行之有效的激发手段：

（1）向下属提供显示潜能的机遇，让下属通过这种"显示"来证明自己的能力。

（2）让某下属去从事一件十分重要的工作，以此让下属发挥自己的潜能。

（3）在大庭广众之下，有意表扬下属的能力，以此来削弱或淡化大家对他的偏见，并且增强其进一步展示能力的勇气和信心。

（4）在人际关系十分复杂的单位里，对于引起人们严重非议和责难的某个下属，领导者有时候可以摆出一副不偏不倚的公允姿态，尽量通过调查得到的事实本身来显示下属的能力。

（5）领导者要确认自己拥有威慑一切的权威和统治手段，足以应付可能遇到的任何风险。这时候，对于某个明显受到委屈和误解的下属，也可以采取十分"激烈"的激发手段，公开肯定下属的能力，以此彻底砸碎习惯势力套在某下属头上的无形枷锁。

（6）当下属由于各种复杂的原因已被大家"看死"，确实很难施展才能时，领导者不妨给下属"换换地方"，帮助他尽快摆脱不利于成才的恶劣环境，这样做，将使下属获得一次重新显示才能的机遇。

（7）对于下属的潜能，领导者应该看到其成长势头，予以热情鼓励和扶植。 这样做，不仅能使下属的人才价值"增值"，还能使本组织的人才资源永不枯竭。

可见，激发下属潜能的手段灵活多样。 各级领导者应根据不同情况，分别选用最为有效的手段，尽力去获取最理想的激发效果。

领导者一定要铸造忠诚

在世界化工行业中，台塑董事长王永庆是一个家喻户晓的传奇式人物。 他把台塑集团推进到世界化工工业的前 50 名。台塑集团取得如此辉煌的成就，与王永庆善于用人是分不开的。 多年的经营管理实践令王永庆创造出一套科学用人之法，其中最为精辟的就是"用人不疑"。

用人不疑，这很重要。 要让人感觉到你的信任，使其觉得不做好工作就忐忑不安。 这说难也不难。

如果说种瓜得瓜、种豆得豆不光是指植物，那么上级对下级的培养也一样，高度信任必然会获得下级的绝对忠诚。

那么，作为一个领导，怎么样铸造下属的忠诚呢？

每一个人都希望获得信任，否则会心理紧张。 要获得别人的信任，得先做个值得别人信任的人，总是猜疑别人的人，是难以获得别人的信任的。

随着社会分工越来越细，要求彼此协作更加密切，信任是协作关系的黏合剂，没有信任，协作则无从谈起。 在生活中，信任是友谊的基础。 在自己生活的小环境中，猜疑、防范别人是维护人际关系的大忌。 而要保持所在团体的凝聚力，信任起到的是黏合作用，它可使每个人对团体产生归属感。 以团体为家，以团体为荣，就会有福同享，有难同当。

在工作的过程中，信任可以激发人的主观能动性。 据国外研究发现：人在"要我干"的心态下，只能发挥个人潜力的20%，而在"我要干"的心态下，能够发挥个人潜力的80%，这其中的60%是不用投入的纯效益。 生活和工作是离不开信任的，因为信任比强制有着无可比拟的激励作用。 自古就有"士为知己者死"的说法，讲的也是信任。

信任也是民主式领导的标志。 事实已经证明，民主式管理比强制式、放任式领导要好得多。 在民主管理过程中，要信任下属，使人产生与领导同舟共济的情感。 作为一个领导者，仅靠权力性影响力是不够的，非权力性影响力有时比权力性影响力作用还大，信任是可以提高非权力性影响力的。在一个单位里，缺少信任，人就会产生心理上的不安全感，会引起心理紧张，最终会影响心理健康。 而信任可以自发形成一些良好规范，制约大家的行为，使大家能互相理解，互相帮助。

一个信任的眼神，往往能激发起他人的勇气和力量，一句信任的话语，往往能使人认识到自身的优长和缺点。 信任所产生的力量，甚至可以改变一个人的一生。 古人讲，"士为知己者死"。 由于受到信任，连生命都可以在所不惜，可见信任的力量有多大。

人都有自尊心，都渴望得到他人的尊重。 尊重的表达方式尽管多种多样，但信任是对他人最好的尊重。 这是因为，信任是发自内心地对他人人品、人格、能力、素质的认可和肯定，这是对一个人根本上的尊重。

信任对于被信任者来说无疑是一种幸福，因为信任能帮助一个人树立起自信，获得认同感，从而调动起参与工作的热情，树立战胜困难的信心。 同时，信任也可以进一步增进彼此间的友谊，获得来自他人的支持和帮助，从这个意义上说，多给别人以信任，其实也是在成就自己。

敢于信任他人，这会给你带来无尽的财富！

让下属知道你始终都在支持他

在很多情况下，领导在把一定的权力授给下属后，下属并没有按照领导的预期很好地完成工作。 这并不是因为你的下属不出色，而是因为每个人的能力都有限，而很多工作又充满意外和变数，所以你就不能百分之百地保证你的下属能顺利完成工作。 并且与以往的工作任务相比，你所授权的任务也许更有挑战性、更具复杂性，作为领导者，也许你早已对它驾轻就熟，但你的下属却很可能是初次接触，或者是初次担当重任，他必须苦苦地摸索，才能使结果如你所愿。 所以，要想使你的下属顺利完成自己交代的工作，领导就必须使用一定的运权技巧。 一种有效的办法就是：在适当的时候让你的下属知道，你始终在支持他的工作。

如果下属接受工作后，很长时间都没有见到你对其工作的评价和看法，你的下属就不能确定自己的工作到底做得如何。本来心里就没底，如果再遇到一些比较大的困难，你的下属就更没信心了。 以这样的情绪和态度去工作，即使其能力不错，恐怕也要使效果打个折扣。 但是，如果你在这一过程中不断告诉下属，你始终都在支持他，那对他的激励将是非常明显的。他会更加坚定、更加出色地按照你的意图运用你授予他的权力。 所以，不论是别人反对，还是你的下属的工作出现了困难，你都要一如既往地告诉你的下属："你只管放手去干吧，我始终支持你。"当然，你还需要告诉你的下属："如果需要帮助，尽管来找我。"

权力的运行有它自己的潜在规则，你必须尊重规则，才能更好地使权力发挥作用。授权成功与否，很大程度上取决于领导是否对下属提供了足够的支持和帮助。不要以为这些不重要，这些对树立下属的信心有着举足轻重的作用。因为只有在工作得到领导足够的支持和帮助时，下属的信心和工作热情才能被最大地激发出来，从而顺利完成领导交给的任务。

有这样一个故事，民族资本家范旭东创建永利碱厂后，聘请侯德榜担任总工程师，研制纯碱。侯德榜夜以继日地干了四年，但永利制碱仍然无法和洋碱竞争。永利碱厂面临着倒闭的危险。

股东们沉不住气了，要求另请外国人担任总工程师。在巨大的压力下，范旭东力排众议，坚决不同意临阵换将。他在董事会上肯定了侯德榜的辛苦努力，并要求董事们"要像支持我一样支持侯博士的工作，千万不可挫减侯博士的锐气"。

侯德榜知道后，激动得热泪盈眶。他说："范先生至诚相待、相濡以沫的精神使我终生难忘，今日只有一意死拼，以报范公之诚。"正是范旭东的支持，使得侯德榜的研究工作得以继续，最终永利纯碱在国际博览会上一举夺魁，为中国争得了荣誉，也为公司带来了巨大的利益。

可见，身为领导，绝不能认为只要把工作交代给下属，下属就应该自己负责，干得好不好都与领导无关。如果有这种想法和做法，那就证明你这个领导已经严重失职。 因为你在授权之后还应肩负起另一项重要职责：继续给下属提供适当的支持和帮助，确保其能够顺利完成任务。 如果你只下达任务，不提供支持，或者下属并不知道你在支持他，那么就会从授权之初的豪情万丈，很快滑落到心灰意冷。 在这种情况下，授权的结果自然与你的期望相差甚多。

称赞应从事实出发

领导赞美下属首先要明确事实，将自己的称赞建立在事实根据之上。这样，"铁证如山"，大家才能心中有数，使上下级之间以及下级之间的关系保持和谐，"包青天"的形象才能悄然而立。

小刘和小王都是处里新来的同志。小刘比较机灵，刚到单位便积极表现，早上坚持提前半小时到单位，抢着扫地、打水。副处长看在眼里、喜在心里，常常表扬挂在嘴角。时间不长，小刘满足后就没有恒心了，不仅不提前到，还时常迟到。小王则是后来居上，打开水、扫地悄悄干。但副处长却不知道这些变化，在后来的一次会议上仍说："小刘同志到处里以来，工作认真积极，打开水、扫地等活干得最多，应该提出表扬。"小刘听后脸红了，小王心里也荡起一阵微澜。会后连续一星期，这些活没人干了。小王决定以自己的暂时"罢工"向副处长证明事实。这位副处长终于沉不住气了，问了处里其他同志后才恍然大悟，原来自己夸错人了。

这位领导不考察实际情况，只是根据以往的经验主观推断，结果使赞美这一"润滑剂"变成了同事之间矛盾的"催生剂"。这样不仅影响了自己与下属的感情，还损害了自己的形象和威信。

　　所以，领导赞扬下属要做到"躬""恒""明"。"躬"，就是对所称赞的事情要亲眼所见、亲耳所闻，是切切实实的调查所得；"恒"，就是要持久考察下属的工作，使自己的评价经得起时间的考验，而不能一叶障目，更不可以一时见闻为依据妄发称赞；"明"，就是要对每一位下属的优缺点了如指掌，正确给每个人定位，并以功论赏。

领导的赞扬要客观公正

领导赞扬下属实际上也是把奖赏给予下属，要做到公平公正。但有的领导不能摆脱自私和偏见的束缚，对自己喜欢的下属极力表扬，对不喜欢的下属所取得的成绩则置若罔闻，甚至把集体参与的事情归于自己或某个下属，让下属心生不满，从而激化内部矛盾。

要做到公正地赞扬下属，领导者必须考虑以下情况。

首先，称赞有缺点的下属要客观。十指有长有短，下属也各有优缺点。有的下属缺点和弱点明显，比如工作能力差、与同事不和、冲撞领导等等，这会让领导产生反感情绪，领导者对这样的人，容易犯一叶障目的错误，根本无视他们的进步和成绩，或者认为成绩和进步可以与缺点抵消，不值得称赞。其实，有缺点的人更需要称赞。称赞是一种力量，它可以促进人们改正缺点，而领导的冷淡和无视则使这些人失去了动力和力量，对解决问题没有任何帮助。一般人常常认为受到领导称赞的人缺点会很少，受到赞扬应该把自己的缺点改掉，才能与领导的称赞相符，同事也才不会有意见。

陈某上班经常迟到，杨经理很清楚却一直没说。一次，陈某来得很早，恰好在电梯口碰到杨经理。杨经理赞扬陈某道："来得很早啊！每个人像你这样就好了！"面对那么多人，陈某觉得可算露脸了，还谦虚了几句。后来，陈某仔细回味经理的话，觉得应该改正错误才能对得起杨经理的称赞。从此，他改掉了迟到的毛病。杨经理虽然表面上没有批评陈某迟到的事，但心里确实不满。杨经理这个人公正且大度，发现陈某改过立即表扬，收效甚好。

其次，对自己喜欢的下属，称赞时要把握好分寸。领导可以与下属成为朋友，每个领导都有几个比较得意的下属，不仅工作上很有默契，而且志趣相投。称赞这样的下属也要不偏不倚，把握好分寸，不能表扬过分、过多，也不要不表扬。表扬过分、过多，一有成绩就表扬，心情一高兴就夸奖几句，喜爱之情溢于言表，会招致其他下属的反感，与其说是搞好上下级关系，倒不如说是在弄僵上下级关系。也有的领导怕别人看出自己与某个下属关系密切，因此不敢表扬，这也不可取。

再其次，称赞比自己强的下属要公正。工作中能人很多，许多单位里也不乏"功高盖主"的下属，一些下属在某些方面也超过领导，从而使领导处于一种被动的处境。小肚鸡肠的领导往往会容不下这些强己之人，对这些强人或超过自己长处的人不予以表扬，可能还会打压，这也有失公正。

刘邦处理这些事就处理得很好，能够公正地称赞臣下的过己之处。一次，他在与大臣谈论打败项羽的原因时，除了说明自己会用人之外，还赞扬众人道：要说运筹帷幄之中，决胜千里之外，他不如张良；要说整治国家、抚慰百姓、保证供给，他不如萧何；至于指挥百万军队，攻无不克，战无不胜，他就不如韩信。一个封建帝王竟然能有此等胸怀，对大臣们不吝称赞，实在是值得当今的领导仿效。

最后，不要将集体的成果都归于一人，更不要据为己有。工作成绩往往是下属和领导集体智慧的结晶，是齐心协力的结果，在评功论赏时要表扬集体，而不能归功于一人，否则就失去了公平。有的领导贪功心切，为向上司请赏，汇报工作时往往将成绩据为己有，这种做法并不可取，迟早会露馅儿。

法则七

集思广益和应变能力

明察秋毫，转祸为福

　　领导者在运用权力的过程中为了行使好自己的权力，必须多方策划，发奋图强，小心谨慎，壮大实力，做好准备，方能使自己有能力迎接挑战。

　　世界上的事物总是不断变化的，但事物的变化又总是从量变开始的。因此，聪明的领导者总是能够深谙此中之道，能够通过仔细观察事物进而了解事物的来龙去脉，了解事物的发展变化，乃至微小的变化，从而制定相应的对策。别人尚未动手之前，已料其先机，怎能不立于不败之地呢？

　　领导者要充分锻炼自己敏锐的洞察力，抱着审慎、理智的态度去观察一切，这样做，对领导者而言有百益而无一害。下面两则故事也许会给你许多启示。

　　明代的夏翁是江阴富豪，曾坐船经过市桥，有一个人挑粪倒入他的船中，溅到夏翁的衣服上。此人是旧识，童仆们很生气，想打他。

　　夏翁说："这是因为他不知情，如果知道是我，怎么会冒犯我呢？"因此用好话把他遣走了。

　　回家后，夏翁翻阅债务账册查索，发现，原来这个人欠了钱无法偿还，想借激怒夏翁来求得一死，夏翁因此撕毁契券。

同类的一个故事发生在长洲做钱庄营生的尤翁身上。

岁末的时候，尤翁听到门外有吵闹声，出门一看，原来是邻居在和店里伙计争吵。

伙计上前向尤翁诉说："此人拿着衣服来典押借钱。现在却空手前来赎取，而且出口骂人，有这种道理吗？"

此人剽悍不驯，尤翁便慢慢地告诉他说："我知道你的心意，不过是为了新年打算而已，这件小事何必争吵呢？"

于是尤翁命令伙计检查他抵押的物品，共有四五件衣服。尤翁指着棉衣对他说："这件是御寒所不可缺少的。"

他又指着一件长袍道："这件给你拜年的时候用。其他不是急需的，自可以留在这里。"

这个人拿着两件衣服默默地离去了，但是当夜竟死在别人家里，讼案长达一年之久。原来这个人负债太多，本来就准备服毒自杀，以为尤翁有钱，可以欺诈，既然骗不到，就转到别人家里去了。

有人问尤翁为什么事先知道而强忍着，尤翁说："凡是别人不合理的对待，一定有所仗恃，小事不能忍，灾祸立刻降临。"

可以说夏翁和尤翁都是明察秋毫的高手，也正因为这两个人的敏锐洞察力使其避开了不必要的纠纷和麻烦。在现实生活中，领导者所面临的麻烦和挑战要多得多。因此，向夏翁和尤翁学习明察秋毫的本领，对领导工作而言是必要的。

晋朝温峤效忠于王室，在王敦的手下做事。因为王敦有叛逆的计划，于是温峤就在表面上伪装恭敬的样子，经常献机密的计策以附和王敦的心意。正巧丹阳尹县缺，王敦就派温峤为丹阳尹。

温峤此时恰好与王敦手下的钱凤交恶。他忧虑自己一旦离去，钱凤会在背后离间，因此王敦为他饯别时，就起来向众人敬酒。到了钱凤面前，钱凤才举杯，来不及喝下，温峤装醉，用手将钱凤的头巾打落在地上，却生气地说："钱凤是什么东西？温太真敬酒，竟敢不饮一杯啊？"

而温峤与王敦分别时，满脸的眼泪，出了屋子又回头进去，接连三次。

当温峤离去以后，钱凤对王敦说："温峤和朝廷的关系很密切，不能相信他。"

王敦说："太真昨晚醉酒，稍微给了你一点颜色，何必就要说他的坏话。"

从此，钱凤毁谤温峤的话都起不了作用。

这是一个典型的防微杜渐的故事。在我国历史上，在各种官场角逐、权力斗争之中，明枪暗箭，防不胜防，但同时也造就了一批有智之士，出现了各种各样的智谋和权术，但最终的一个目的就是防微杜渐，把各种灾害祸变扼杀在摇篮之中，使自己从容脱险或明哲保身。虽然这其中有糟粕，但用辩证的眼光来看，人类社会总是复杂的，无时无刻不存在各种各样的矛盾和斗争，为了使自己更好地运用手中的权力，为团体、为国家、为社会谋取利益，对今天的领导者而言，从中学习一些必要的用权技巧与方法是有必要的。 相反，固执地认为只要自己是正直的就行，一竿子捅到底，实际上这并不是一个有政治头脑的领导者所应有的素质与作风。 没有一定的政治头脑与用权手段，一味"正直"，往往会为小人所利用和误导。

明知山有虎，偏向虎山行

处理突发事件的非正常程序化决策具有很大的风险性，因此，领导者的政治素质和能力素质起着决定性的作用。 领导者要具有探险家的胆识，有敢冒风险、敢担风险的精神和能力。

首先，领导者要有政治品德，既有胆有识又有高度的责任感。 其次，领导者要有冒险的精神。

能力所涉及的因素有很多，例如知识、技能、智力以及情感等等。 在这里，领导者之所以敢于冒风险是在有着丰富知识的基础上的厚积薄发，领导者的想象能力尤其重要。 处理突发事件的决策是全然没有把握、难度最大的决策，进行这种决策比其他非程序化决策所承担的风险要大得多，领导者必须具有预言家的想象，充满乐观和自信，从与对立思想的交锋和不同观点的碰撞中及时、果断、慎重地决策，这样，即便是摸着石头过河，也一定能顺利到达彼岸。

1995 年 6 月 22 日，英国首相梅杰宣布辞去保守党领袖职务，要求保守党提前举行领袖选举，并声明他本人将参加竞选。如失败，他将辞去首相职位。此举震动了英国政坛。舆论认为，这是梅杰政治生活中最大的"赌博"。

促使梅杰作出这一决定的导火线是他 1995 年 6 月 13 日与保守党内 60 余名"欧洲怀疑派"议员的一次会

见。在这次会见中，这些议员猛烈攻击梅杰的欧洲政策，强烈要求他保证英国不参加欧洲货币联盟，不加入欧洲单一货币计划，对梅杰进行了很不客气的围攻。这次会见给人的印象是，梅杰已失去了对他们的控制，他们会在11月份的保守党年会或在这以前对他的地位提出挑战。梅杰深感自己的权威受到严重损害，在这种情况下，自己的政策无法推行，于是，为了应付危机，梅杰开始考虑如何对付这些反对派。随后，梅杰在加拿大的哈利法克斯出席七国首脑会议期间也用了很多时间考虑这个问题，其指导思想逐渐明朗，与其坐以待毙，不如冒险一搏。6月18日回国后，他立即与亲信大臣和助手们商讨具体办法，经过几天的讨论，决定采取辞去保守党领袖职务这种先发制人、以退为进的战略。在所有内阁成员表示支持和理解并保证不参加保守党领袖的竞选后，梅杰于6月2日在唐宁街10号举行的记者例行会上正式宣布了这一决定。

梅杰多年来一直无法解决与"欧洲怀疑派"之间的矛盾，使保守党长期处于分裂状态。自梅杰上台以来，政府一直无法兑现当初减税的许诺，相反却增加税收，使选民非常不满；并且，保守党内部各种腐败丑闻不断，使保守党大失民心。而反对党工党自布莱尔当选领袖以来，宣布的诸如修改工党党章、公有制条款等新政策主张，很受欢迎，多次民意测验表明，保守党在选民中的支持率仅为20%左右，落后工党近40个百分点，并在4、5两个月的地方选举中先得到验证。不少保守党议员担心，在梅杰执政的情况下参加大选，他们很可能会失去席位。保守党的一些后座议员正是基于这种形势才对梅杰失去了信心。他们估计，换一个合适的人接替梅杰，他们在下次大选中落选的可能性会小一些，于是"欧洲怀疑派"以梅杰的欧洲政策为契机，使这种潜在的危机表面化，迫使梅杰进入险境。

梅杰宣布辞去保守党领袖职务后，原以为只要内阁成员不参加竞选，他就可以稳操胜券。只要重新当选保守党领袖，他就可加强其地位，重树权威，带领保守党在 1997 年上半年大选中与工党一决高下。但出乎梅杰意料的是，被认为有才干的属于"欧洲怀疑派"的威尔士大臣雷德伍德于 6 月 26 日辞职并向梅杰提出挑战，宣布参加争夺保守党领袖的竞选，这对梅杰来说是个严重打击。而保守党内部的实力人物工贸大臣赫塞尔廷和就业大臣波蒂洛也开始动摇，并且以往持温和态度的相当数量的保守党后座议员也逐渐对梅杰失去信心和耐心，对梅杰地位形成了威胁。

在这种情况下，梅杰只能以退为进，孤注一掷，力求先保住自己在党内的地位再说。毕竟梅杰是政坛老手，具有非凡的领导艺术，通过采取种种措施使选民了解英国国情与欧洲政策将给英国人民带来的利益，对英国加入欧洲货币联盟的前景充满乐观和自信，以强有力的证据赢得了选民和保守党议员的支持，使保守党内部矛盾得到了缓解，梅杰仍当选为保守党领袖。

学会借用他人的智慧

  善于发现自己和别人的长处，并能够加以利用，不嫉妒别人的长处，不护自己的短处，能够协调别人为自己做事，与合作人之间建立良好的信誉，是成功者的法则，也是人与人之间共同发展的主旋律。 如果你觉得有必要培养某种你欠缺的才能，不妨主动去找具备这种才能的人。 三国时的刘备，文才不如诸葛亮，武功不如关羽、张飞、赵云，但有一种别人不及的优点，那就是一种强大的协调能力，能够吸引这些优秀的人才为自己所用。 多一种才华，等于锦上添花，而且通过这种渠道结识的人，也将成为你的伙伴、同事、专业顾问，甚至变成朋友。 能集合众人才智的公司，才有茁壮成长、迈向成功之路的可能。

  能够发现别人的才能，并能为我所用的人，就等于找到了成功的力量。 聪明的人善于从别人的身上汲取智慧的营养补充自己，从别人那里借用智慧，比从别人那里获得金钱更为划算。 读过《圣经》的人都知道，摩西算是世界上最早的教导者之一了。 他懂得一个道理：一个人只要得到其他人的帮助，就可以做成更多的事情。

  当摩西带领以色列子孙们前往上帝那里要求给他们领地时，他的岳父叶忒罗发现摩西的工作实在过度，如果他一直这样下去的话，人们很快就会吃苦头了。于是叶忒罗想帮助摩西解决这个问题。他告诉摩西将这群人分成几组，每组 1000 人，然后再将每组分成 10 个小组，每组 100 人，再将 100 人分成 2 组，每组各 50 人。最后，再将 50 人分成 5 组，每组各 10 人。叶忒罗又教导摩西，要他让每一组选出一位首领，而且这位首领必须负责解决本组成员所遇到的任何问题。摩西接受了建议，并吩咐那些负责 1000 人的首领，只有他们才能将那些无法解决的问题告诉他。

自从摩西听从了叶忒罗的建议后，他就有足够的时间来处理那些真正重要的问题，而这些问题大多只有他才能解决。简单地说，叶忒罗教导摩西学会了如何领导和支配他人的方法，运用这个方法，调动集体的智慧。

作为一个领导者，当你有了切实可行的行动计划之后，不妨把你的梦想蓝图、未来展望，与你的家人、朋友、同事等协商。律师、银行家、会计师也不失为帮你出主意的好对象，多向他们请教，听听不同的声音。

学会把你身边有智慧的人充分调动起来，形成一个智囊团。在你招兵买马、找智囊团成员之前，别忘了以下几点：这些人对你各有何帮助？这些人的才能与经历，能帮你什么忙？你如何回报与你合作的人？你的事业是否可以助其实现梦想？接受对你的批评与建议，必定会促使你认真检讨自己的计划，也强迫你思考。你必须让其对你单刀直入，毫不留情。要是你无法针对他人所提的问题想出理想的答案，你大概就有必要回到规划的阶段，重新思考一下你的方向。

有了智囊团之后，还要广泛接受大家的意见，多和不同的人聊聊你的构想。 与人讨论你的计划时，要给对方畅所欲言、批评指正的机会。 他们会提出许多问题，甚至会指出你从未留心的地方，点出你看不见的不足之处。 在这股动力的驱使下，你必须一一找出答案，这样可以把眼光放得更远，做到未雨绸缪。 你接触的人际范围越广，决心就会越坚定。 多用点脑子来观察身边的事物，多用些时间来倾听各类的意见和评语，观察别人对你的做法有何反应。 从这些与你聊过的人当中，你可以发现，谁愿意与你一路同行，谁又会扯你后腿，然后再对你身边的人进行选择，找到真正可以共同发展的伙伴。

用心去倾听每个人对你的构想的看法是一种美德，它是一种虚怀若谷的表现。 他人的意见，你不见得都赞同，但有些看法和心得一定是你不曾想过、考虑过的，广纳意见，将有助于你迈向成功之路。

如果你碰上向你浇冷水的人，就算你不打算与他们再有牵扯，还是不妨想想不赞同你的原因是否很有道理，别人是否看见了你看不见的盲点，理由和观点是否与你相左，是不是以偏见审视你的构想，问深入一点的问题，请他们解释反对你的原因，请他们给你一点建议，并中肯地接受。

另外还有一种人，无论对谁的梦想都会大肆批评，认为天下所有人的智商都不及自己。 其实这些人根本不了解你想做什么，只是一味认为你的构想一文不值，注定失败，连试都不用试。 这种人为了夸大自己的能力，不惜把别人打入地狱。 要是碰上这种人，别再浪费你宝贵的时间和精力，苦苦向他们解释你的理想一定办得到。 这种人不值你一顾，还是去寻找能够与你一同分享梦想的人吧！

使建议成为一种制度

每个人都只有一个大脑，你不可能把所有出现的事情和问题一下子都搞清楚。这时就需要去调动员工的工作热情和积极性，让他们自己提出对问题的看法，因为他们身处其中，提出的办法可能比你更准确，也更有可行性。许多成功的企业家都很善于听取员工的建议，而其中的许多建议往往被后来的事实证明，对公司的发展起到了重要的作用。

麦克米克公司是一家有着近万名员工、年利润4亿多美元的跨国大公司。该公司的最大特点就是：善于听取员工的意见。他们很早就形成了一种民主决策的优良作风，甚至那些重大的决策以及未来的目标、政策或方案的制订，都有最基层的员工参与。公司认为，大家的共同意见，才能使公司的发展走向正确道路和方向。

因此，应该让建议成为公司的一种制度，每个员工都有责任和义务为公司的发展提出自己的想法。公司是大家的公司，集体的智慧总要比一个人的想法全面得多。

如果你作为一个管理者，却忽略了集体的力量和才智，那将是最大的错误。只有使员工建议成为制度并长久保持下去，才是一个管理者的明智之举。丰田公司在这方面就有很多值得我们借鉴的地方。

曾任丰田汽车公司总经理和社长长达40余年的丰田英二，在公司内部实施了"动脑筋创新"建议制度，收到了很好的效果。

丰田公司建立了动脑筋创新委员会，制定了建议规章、审查方法、奖金等。范围包括机械仪器的发明改进、作业程序的新办法、材料消耗的节减，并围绕车间作业程序方面的问题征集新的办法。

车间里到处都设有建议箱，不论谁都可以自由地、轻松愉快地提建议。各部门（工厂）也分别设立了建议委员会，把提建议的方式贯彻到工厂的每个角落。同时，各车间组成了"动脑筋创新小组"，对提建议的人，组长有计划地给予协助，为此还特别设立了商谈室。

一个有经验的老工人曾经说过："开始实行动脑筋创新后，我们对车间接触到的所有事情、物品、工作以及机器，总是抱着追求'更好'的态度。不管见到什么，总是在探求更好的方法、更划算的做法、节省时间和工时的方法、减少材料使用等方面的浪费和使它更便宜的方法。"

提建议的人，可以就自己的建议和上司商谈。通过提建议，领导能够听到生产现场生气勃勃的声音，也能了解到员工掌握技术的程度。持续地这样做，个人和小组的积极性就都被调动起来了。在很多时候提建议所得的奖金，会被作为亲睦会、进修费和研究会的基金，同时也成为产生新的动脑筋创新所需要的物质基础。

这一制度的建立增强了员工团结的气氛，也加强了上下级之间的联系。 员工们通过这个制度，找到了创新的乐趣，特别是看到自己的提议得到认可，他们会感到极大的满足。

丰田公司的建议制度，并不是单纯地作为一种管理手段，而是和企业以及个人的成长紧密联系了起来。按不同的审查标准，公司对建议评分，奖给数额不等的奖金，对于特别优秀的建议还要向科学技术厅上报。同时，还按各车间、工厂、总厂等单位，举办大小不同的展览会，由企业最高层管理者出席并进行评议。

　　在丰田公司的"动脑筋创新"建议制度实施的第一年，征集建议 183 件；第五年时征集了 1000 多件；到第二十年时，就达到了 5 万件。可见员工们的参与程度呈上升趋势，大大调动了员工的积极性。

　　你有没有打算让你的员工成为企业智囊团的新成员呢？也许他们的某些构想将会对整个公司起着决定性的作用，但如果你没有注意到，那可是巨大损失。

　　你是否考虑到把听取意见形成一种制度呢？这比设置什么意见箱、意见簿之类的要有效得多，因为有些管理者往往并没有真正了解听取意见的实际意义，往往使意见箱形同虚设，并没有起到实际的效果。

　　作为一个管理者，你应该经常抽出时间同你的员工谈话，征求他们关于公司的意见和建议。如果某些想法对公司有益，就应该提到议程上去加以考虑、讨论和实施。

充分发挥每一名员工的智慧

作为管理者，要做的工作只是站在高处把握大局，而不是关心那些细枝末节。 因此，只要告诉员工去做什么，至于具体怎样做，应该放心地由员工去思考。

一个被剥夺了起码的思考能力的员工，就成了一个单纯的体力劳动者，而不是一个具有可开发性的人才，更谈不上对公司的发展会有什么好的建议了。

所以，管理者必须懂得发挥员工的智慧，让他们提出好的构想，在某些具体操作的过程中，要给予他们思考的机会，让他们拥有思考的权力。

因此，管理者要给员工足够的思考空间和更多的思考机会。

马维尔虽然只是经营着一家小旅馆，但他非常重视利用员工的智慧。他最常说的一句话就是"管理不是管物，而是开发人才"。他认为，管理者的责任就是培养他的员工，帮助他们发展才能。如果这件事办好了，不仅自己的任务会完成得更好，为成功铺平道路，而且也将造就一批能干、训练有素、完全忠于自己的员工。

一次，马维尔对旅馆的一些物品经常被住宿的客人顺手牵羊感到头痛，却一直拿不出很有效的对策来。他嘱咐下属在客人到柜台结账时，要迅速派人去房内查看是否有什么东西不见了。结果客人都在柜台等待，直到房务部人员查清楚了之后才能结账，不但结账太慢，而且面子挂不住，有的客人以后再也不住这家旅馆了。

马维尔觉得这不是办法，于是召集各部门主管，让大家想想有什么更好的法子能制止客人顺手牵羊。几个主管围坐在一起苦思冥想。一位年轻主管忽然说："既然客人喜欢，为什么不让他们带走呢？"马维尔一听瞪大了眼睛，这是哪门子的馊主意？

年轻主管挥挥手表示还有下文。他接着说："既然客人喜欢，我们就在每件东西上标价，说不定还可以有额外收入呢！"大家眼睛都亮了起来。

有些客人顺手牵羊，并非蓄意偷窃，而是因为很喜欢房内的物品，下意识觉得既然花了这么贵的住宿费，为什么不能拿回家做纪念品，而且又没明白规定哪些不能拿，于是，就故意装糊涂拿走一些小东西。

这家旅馆给每样东西都标了价，说明客人如果喜欢，可以向柜台登记购买。在这家旅馆内，忽然多出了好多东西，像墙上的画、手工艺品、当地特色的小摆饰、漂亮的桌布，甚至柔软的枕头、床罩、椅子等用品都有标价。如此一来，旅馆里里外外都布置得美轮美奂，给客人们的印象好极了。这家旅馆的生意越来越好！

现在，越来越多的管理者开始重视员工的意见和建议，一家美国企业发动员工提出改进工作的建议的具体做法是：

首先，就是积极开展集体活动，即以小团体活动提高工作质量和可行性。　自从公司开展了小团体活动以后，在员工中营造了这样一种气氛：哪怕只提一项或两项建议，提了就被鼓励。　员工们因此都争先恐后地提出改进工作的建议。

　　其次，公司提出目标，以调动员工积极性。　如"每人一年要提出 10 条改进建议，目标是改进工作。"由于目标都很明确，建议也就容易被提出来。

　　公司对每个员工的建议，不论大小，都认真对待，一视同仁。　根据建议的适用性和效果，分别评定为特别、优秀、优良、A、B、C、建议 7 个级别。　建议和 C 级奖由车间委员会表扬；A、B 级由建议委员会表扬；优良、优秀和特别三级则由公司进行表扬，并给予一定的物质奖励。　这样，公司员工的积极性大增，迸发出无限的活力。

　　聪明的管理者都会欢迎员工提建议，而且鼓励每一个员工积极地提出改进工作的建议，当然必须让员工知道他们的建议将会得到认真的研究。

　　作为管理者，你不应该这样想："我是经理，为什么没有想到呢？"这种想法意味着你过高地评价了自己，而忽视了员工的智慧。

　　一个精明的管理者，需要在他周围培养一批能够独立思考、敢于发表意见的人。　他必须清醒地警惕那些只会拍马屁的人。　对一个忙于事务的管理者来说，他很容易匆忙地作出决定，而这样的决定往往会出错，这时就需要有人指出，并帮助他纠正错误。

　　每个人提出的意见，都是他们认为困难的、不易完成的。因此，不论这些意见乍一听有多烦琐，不足一提，甚至是愚蠢的，作为管理者都要对每一个意见加以考虑，并认真给予评述。因为你并不重视的一些事情，可能会对员工产生深刻的影响。若对这些意见置之不理，很可能会使你错过很多重要的信息。

当然，员工提出的建议不可能是完全可行的，有时需要改进或完善。尽管有些建议存在缺点，但你也不能忽视它有价值的地方。有不少见解不凡的建议被否定了，原因就是因为其中有些小小的缺点。

每个员工的建议都体现出他们的智慧，这种智慧很可能使公司的决策更科学、更合理，更易于执行并取得良好的效果，领导者要做的就是让他们尽情地展现自己的智慧。

重视团队建设

随着社会分工越来越细化，个人单打独斗的时代已经结束。团队合作提到了管理的前台，团队作为一种先进的组织形态，越来越引起企业的重视。许多企业已经从理念、方法等管理层面进行团队建设。某些情况的出现在团队建设中发出了隐秘的危险信号，容易蒙蔽团队领导的眼睛，如果不引起管理层的重视，团队建设将会前功尽弃。因此，领导对员工进行管理必须重视团队建设。团队建设需要领导从三个方面努力：

（1）提防精神离职。精神离职是在企业团队中普遍存在的问题，其特征为：工作不在状态，对本职工作不够深入，团队内部不愿意协作，行动较为迟缓，工作期间无所事事，基本上在无工作状态下结束一天的工作。精神离职产生的原因大多是个人目标与团队远景不一致，也有工作压力、情绪等方面的原因。

（2）控制超级业务员。个体差异导致了超级业务员的出现，其特征为：个人能力强大，能独当一面，在团队中常常以绝对的业绩领先于团队其他成员，组织纪律散漫，好大喜功，目空一切，自身又经常定位于团队功臣之列。超级业务员的工作能力是任何团队所需要的，但领导必须对超级业务员进行控制，避免其瓦解团队的核心。

（3）瓦解团队中的非正式组织。团队是全体成员认可的正式组织。非正式组织短期内能够很好进行日常工作，能够提高团队精神，协调人际关系，实施假想的人性化管理，在团队发展过程中，基本上向有利于团队的方向发展，但长期而言，会降低管理的有效性，致使工作效率低下，优秀团队成员流失。 领导必须瓦解团队中的各种非正式组织，让所有的员工都融入到企业的工作中来。